MALEDIVEN

EIN UNTERWASSERPARADIES

Jahr Verlag Hamburg

MALEDIVEN

EIN UNTERWASSERPARADIES

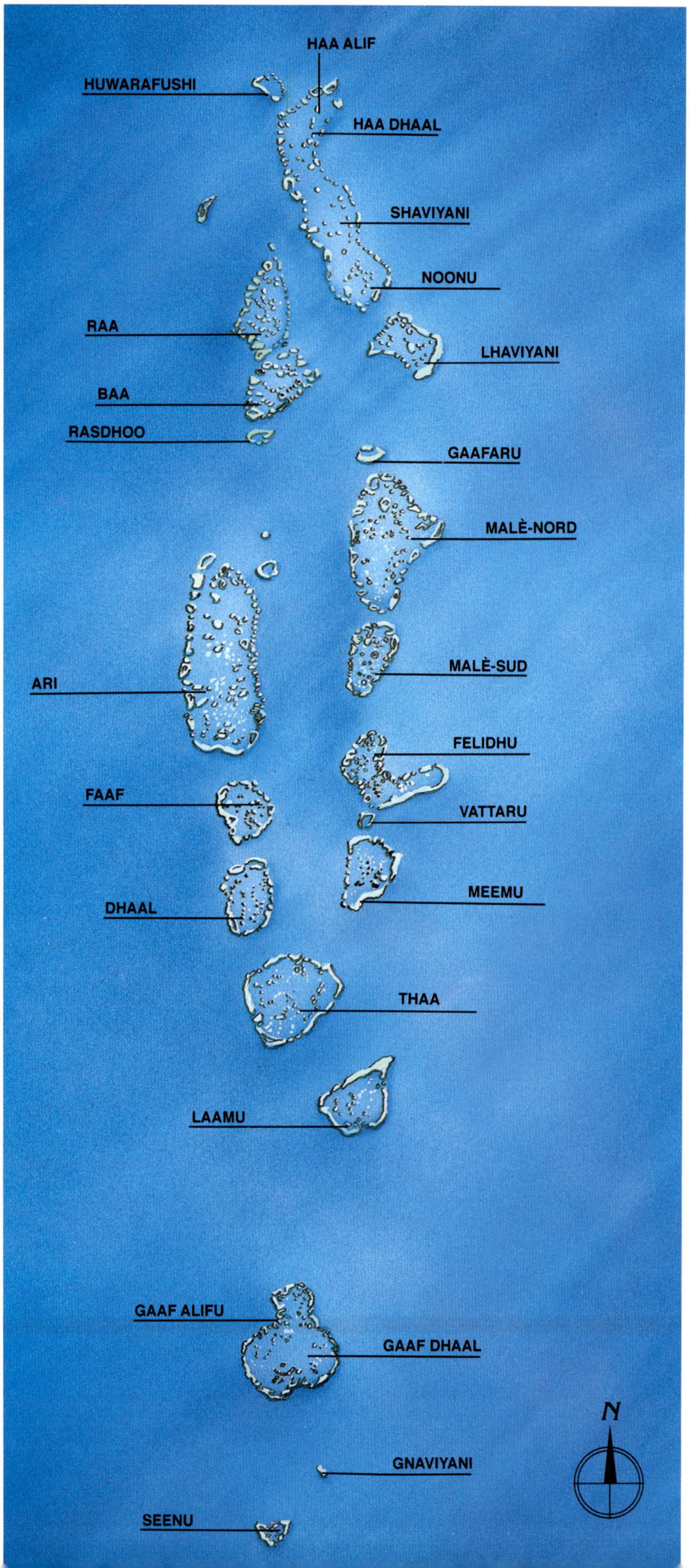

Text
Angelo Mojetta

Illustrationen
Monica Falcone

Redaktion
Valeria Manferto
Laura Accomazzo

Lektorat
Jörg Keller

Graphic Design
Paola Piacco

Übersetzung
aquapress jörg keller

Satz
Partner Satz GmbH, Hamburg

INHALT

Titel
Ein Schwarm von Masken-Wimpelfischen (Heniochus monoceros).

Rückseite oben
Leoparden-Drückerfisch (Balistoides conspicillum).

Rückseite unten
Malediven-Anemonenfisch (Amphiprion nigripes).

1 Die Gewässer der Malediven sind reich an vielfarbigen Korallen aller Art und den mit ihnen verbundenen Korallenfischen.

2 Hochsee-Weißspitzenhai (Carcharhinus longimanus).

3 Gestreifter Schnepfenmesserfisch (Aeoliscus strigatus).

Malediven
Ein Unterwasserparadies

Jahr Verlag GmbH & Co.
Jessenstr. 1, 22767 Hamburg
Tel. (040) 38 90 6-0, Telefax (040) 38 90 6-302

ISBN 3-86132-174-2

Die Deutsche Bibliothek – CIP-Einheitsaufnahme

Malediven - ein Unterwasserparadies / [Text Angelo Mojetta. Ill. Monica Falcone. Red. Valeria Manferto ; Laura Accomazzo. Übers. Aquapress Jörg Keller]. - Hamburg : Jahr, 1996
Einheitssacht.: Maldives - an underwater paradise <dt.>
Isbn 3-86132-174-2
NE: Mojetta, Angelo; Falcone, Monica; Manferto De Fabianis, Valeria [Red.]; EST

Einleitung

Der Indische Ozean und die Ursprünge der Malediven

Wegen ihrer einmaligen Merkmale sind die Malediven mit zahllosen schmückenden Beinamen bedacht worden. Immer schon haben sie die Entdeckungsreisenden, Urlauber und Taucher fasziniert. Diese außergewöhnliche Inselwelt liegt im Indischen Ozean, der zwar das kleinste aller Weltmeere ist, aber doch die unterschiedlichsten Formen von Korallenriffen aufweist. Man findet in ihm Atolle, Barriereriffe und Saumriffe, Riffe, die bis zur Oberfläche aufsteigen genauso wie solche, die unter der Wasseroberfläche verborgen bleiben. Ebenso vielfältig sind die Verbreitung und die Ausmaße der Steinkorallenformationen in diesem Ozean. Entlang der Küsten Somalias, des indischen Subkontinents und Malaysias beispielsweise gibt es wenige oder gar keine Korallenriffe, während sie im Roten Meer, dem Persischen Golf, um Madagaskar, Sumatra, die Seychellen und so weiter ausgeprägt entwickelt sind. Barriereriffe sind eher selten. Verbreiteter sind die Saumriffe, zumindest entlang der Kontinentalküsten von Afrika und Asien und in den Archipelen der Seychellen und Nikobaren sowie der Komoren und Maskarenen. Atolle gibt es vorwiegend im Zentrum des Indischen Ozeans, wo sie sogar charakteristische Erscheinungsformen sind. Verbreitung und Ausmaße der Riffe hängen weitgehend von der geografischen Geschichte des Ozeans ab, in dem sie entstanden sind, und gleichfalls von den Meeresströmungen, die ihrerseits stark von den Windsystemen beeinflußt sind. Der Meeresgrund des Indischen Ozeans liegt weitgehend in Tiefen zwischen 4000 und 5000 Meter, jedoch erheben sich darauf beeindruckende, gebirgsähnliche Felsketten, die sich über Tausende von Kilometern erstrecken und hauptsächlich in Nord-Süd-Richtung verlaufen.

Die geologische Entstehungsgeschichte der Malediven, der „Töchter von Feuer und Wind“, hat vor etwa 200 Millionen Jahren begonnen, als der gewaltige Urkontinent Pangea, der alle über dem Wasserspiegel liegenden Landmassen umfaßte, nach und nach auseinanderzubrechen begann. Indien, Australien, Madagaskar und die Antarktis drifteten davon und folgten der allmählichen Herausbildung des Atlantischen Ozeans sowie der Bildung neuen Ozeanbodens durch emporquellende Lava, die zwischen dem südlichen Afrika und der Antarktis sowie anschließend zwischen

4 Die Luftaufnahmen verdeutlichen drei charakteristische Korallenformationen: ein Atoll (oben), einige bogenförmig sich erstreckende Riffe (Mitte) und ein ringförmiges Faru (unten).

der Antarktis und Tasmanien stattfand. Vor etwas über 150 Millionen Jahren begann sich der Indische Ozean herauszubilden. Dieser Prozeß verlief anfangs sehr langsam, beschleunigte sich dann aber allmählich wegen der Eruption großer Basaltlavamassen zwischen Indien, der Antarktis und Australien. Die indische Landplatte löste sich von Afrika und Madagaskar und begann, sich nach Nordosten zu verlagern.

Zu etwa dieser Zeit, als sich der indische Subkontinent von der Seychellenplatte trennte und sich das Arabische Meer auftat, gab es eine weitere Periode ausgeprägter Basalteruptionen – so heftig, daß manche Geologen das Aussterben der Dinosaurier darauf zurückführen –, als deren Ergebnis sich das Deccan-Plateau bildete. Dies ist eine über 2000 Meter dicke Basaltablagerung, die sich über ein Gebiet von beinahe einer Million Quadratkilometer erstreckt. Diese Ereignisse waren mit der Wanderung des indischen Subkontinents über einen der „hot spots" dieser Erde verbunden. Hot spots nennt man die Bereiche der Erdkruste, die sich durch starke vulkanische Aktivität und hohe Magmaproduktion auszeichnen, weil der Wasserdruck den Schmelzpunkt des Gesteins herabsetzt. Die Lage dieses hot spots, der maßgeblich war für die Entwicklung der Malediven, muß in der Nähe der Vulkaninsel Réunion gesucht werden. Geologische Untersuchungen haben gezeigt, daß das Gebiet der heutigen Inselreiche Malediven, Lakkadiven und Chagos diesen Weg genommen hat. Als es über den hot spot wanderte, bildeten sich eine Reihe von Vulkanen, die dem indischen Subkontinent folgten und dessen Weg markierten, bis dieser vor 50 Millionen Jahren mit Asien kollidierte und dabei das Himalaya-Gebirge auffaltete. Somit war auch die Gestalt des Indischen Ozeans definiert.

Die Kette von Vulkanen, die die ursprünglichen Malediven bildeten, muß man sich ähnlich vorstellen wie die heutigen Hawaii-Inseln. Sie versanken allmählich in die Erdkruste, während gleichzeitig die Korallenformationen im selben Tempo wuchsen. Manche Experten glauben, daß zusätzlich zu dieser Entwicklung während der vergangenen 40 000 Jahre entscheidende Veränderungen des Meeresspiegels stattgefunden haben. Aber obwohl diese Hypothese für eine Reihe anderer Korallengebiete einleuchtend ist, muß dies für die Malediven nicht zutreffen, denn dort scheint das Meeresniveau in der Vergangenheit konstant geblieben zu sein. Daß die Malediven tatsächlich über untergegangenen Vulkanen gewachsen sind, wurde bei Ölbohrungen unzweifelhaft festgestellt. Eine Tiefenbohrung im Nord-Male-Atoll erreicht in 2100 Meter Tiefe das vulkanische Fundament, und die Korallen darauf waren 53 bis 38 Millionen Jahre alt.

5 Der Korallensand, der die Strände der Atolle bildet, ist von einem unverwechselbaren Weiß. Darauf ist auch zurückzuführen, daß das Flachwasser um die Inseln herum in charakteristischen Türkistönen schimmert.

Die Entstehung der Atolle

Das Inselreich der Malediven, das sich über annähernd 900 Kilometer erstreckt, besteht aus einer doppelten Reihe von Atollen, die sich auf einem weitflächigen, unterseeischen Plateau erheben, dessen Tiefe zwischen 270 und 500 Meter variiert. Die angrenzenden Wassertiefen betragen an der Ostseite 2500 und an der Westseite 4000 Meter. Unter einem Atoll (der Name leitet sich vom maledivischen Wort „atholu" ab, das sowohl ein natürliches Atoll als auch heutzutage einen Verwaltungsbezirk meint) versteht man eine Korallenformation, die eine kreisrunde, innere Lagune umschließt. Deren Größe kann zwischen wenigen bis zu Dutzenden Kilometern betragen. Das Suvadiva-Atoll beispielsweise ist 74 Kilometer lang und 65 Kilometer breit. Solche Bauwerke aus Steinkorallen findet man meist in sehr tiefen Meeren auf der Basis untergegangener Vulkaninseln. Wegen ihrer charakteristischen Merkmale haben die Atolle mehr als andere Formen von Korallenriffen das Interesse der Forscher erweckt. Einer der ersten, der sich ihnen widmete, war Charles Darwin. Seine Theorien über die Atoll-Bildung werden auch heute noch weitgehend akzeptiert und neuerdings durch geologische und paläontologische Feldstudien bestätigt. Atolle haben ihren Ursprung in einer Reihe von Saumriffen, die auf dem Felssockel rings um einen über die Wasseroberfläche aufragenden Vulkan stehen. Das allmähliche Absinken dieses Sockels

6 - 7 Zeichnungen Ein Atoll entsteht aus einer Reihe von Saumriffen, die auf dem Felssockel rings um einen Vulkan entstanden sind (a). Beim allmählichen Absenken des Meeresbodens vergrößert sich das Ausmaß des Saumriffs (b), das nunmehr immer mehr die Form eines Barriereriffs annimmt (c). Das unablässige Wachstum der Korallen läßt die Riffe immer weiter wachsen, wodurch das andauernde Absinken des Meeresbodens und des Vulkans ausgeglichen wird (d). Wenn die Vulkaninsel völlig versunken ist, bildet sich eine Lagune, die von einem mehr oder weniger kreisrunden Riff umgeben ist. Im Riff gibt es Kanäle, durch die ein Wasseraustausch zwischen der Lagune und dem offenen Meer möglich ist (e).

6 Diese Bilder zeigen zwei unterschiedliche Entwicklungsstadien von Atollen.

scheint es den Korallenformationen zu ermöglichen, in die Breite und Höhe zu wachsen und ein mehr oder weniger geschlossenes Riff zu bilden, das nach dem vollständigen Versinken der Vulkaninsel eine Lagune einschließt. Die Lagunen der Malediven haben Tiefen von 20 bis 30, im Maximum beim Huvadhoo-Atoll 84 Meter. Die Struktur der maledivischen Atolle ist allerdings komplexer, als diese einfache Ent-

7 oben Zeichnung Der Längsschnitt durch eine Malediven-Insel zeigt, daß sie zwischen dem 2000 bis 3000 Meter tiefen Ozean und der bis zu 80 Meter tiefen Lagune liegt. Zusätzlich zur Atoll-Lagune gibt es weitere kleinere Lagunen rund um die Insel, die auf beiden Seiten durch ein Korallenriff geschützt ist, wobei das Riff zur äußeren Lagune hin reicher entwickelt ist. Über den Wasserspiegel reicht lediglich die Insel hinaus, die aus versteinerten Korallen aufgebaut ist. Auf ihr hat sich eine üppige Vegetation angesiedelt.

stehungstheorie es ausdrückt, die nur die allgemeine Form der Atolle beschreibt, nicht aber ihre einzelnen Bestandteile. Zu den ungewöhnlichen Merkmalen der maledivischen Atolle gehören die „faru“ oder „faros“ genannten Kleinatolle, die durch Riffkanäle („kandu“) unterschiedlicher Breite voneinander getrennt sind, über die Wasser, Fische, Nahrungsstoffe und Abwasser zwischen Lagune und offenem Meer ausgetauscht werden können. Der Hauptunterschied zwischen einem Atoll und einem Faru besteht

7 unten Auf diesem Foto erkennt man deutlich einen Riffkanal, der den Wasseraustausch zwischen der Lagune und dem Ozean ermöglicht, so daß das Wasser in der Lagune immer erneuert wird. Man nennt diese Riffkanäle auch Paß.

nicht in der Größe, denn es gibt Atolle, die kleiner sind als ein Faru. Vielmehr ist er im Fundament zu suchen: Ein Atoll baut auf dem Meeresgrund auf, während ein Faru eine Korallenformation ist, die sich auf dem Grund eines Atolls erhebt. Das Faru besteht aus einem über den Wasserspiegel ragenden Teil, der auch begrünt sein kann, und einer flachen Lagune („falu" oder „velu"). Diese ist von Korallenformationen umgeben, die auf der einen Seite an das offene Meer, auf der anderen an die Lagune des Atolls grenzen.

Wie ein Blick auf die Landkarte zeigt, verändert sich die Form der Atolle merkbar, je weiter südlich sie in den Malediven liegen. Gleiches gilt für die Form der Farus, die Tiefe der Lagunen und die Flächenausdehnung der Riffe, die über die Wasseroberfläche aufsteigen. Diese Unterschiede, die auch zur Bildung von band- und hufeisenförmigen Riffen sowie von ringförmigen Farus führten, werden gewöhnlich mit unterschiedlichen Umweltbedingungen erklärt, die sich auf das Korallenwachstum auswirken. Angesichts der Längenausdehnung der Malediven über 900 Kilometer erscheint diese Theorie durchaus einleuchtend.

Auch die Monsune scheinen eine wesentliche Auswirkung auf die Form der Farus und die Existenz der Doppelreihe von Inseln zu haben. Monsune sind periodisch wechselnde Winde, die im Sommer von Südwesten und im Winter von Nordwesten wehen und auf diese Weise die Küsten der Malediven sowie die vorherrschenden Strömungen abwechselnd beeinflussen. Das allgemeine Ergebnis der jahreszeitlich wechselnden Strömungen und Wellenrichtungen ist die symmetrische Entwicklung der Atolle, weil die Korallen dazu veranlaßt werden, in alle Richtungen zu wachsen. Bei Riffen, die einer konstanten Windrichtung ausgesetzt sind, wachsen sie dagegen nur in einer Richtung.

8 oben Das weite Blau des Indischen Ozeans ist mit verschiedenartigen Riffen übersät. Ihre Entwicklung und Form hängt immer von der Wirkung der Strömungen und Brandung ab.

8 unten Diese Luftaufnahme zeigt den geradlinigen Verlauf von Bandriffen, die zusammen eine Art fortlaufender Barriere bilden und das Tiefwasser des Ozeans vom flacheren in der Lagune trennen.

A

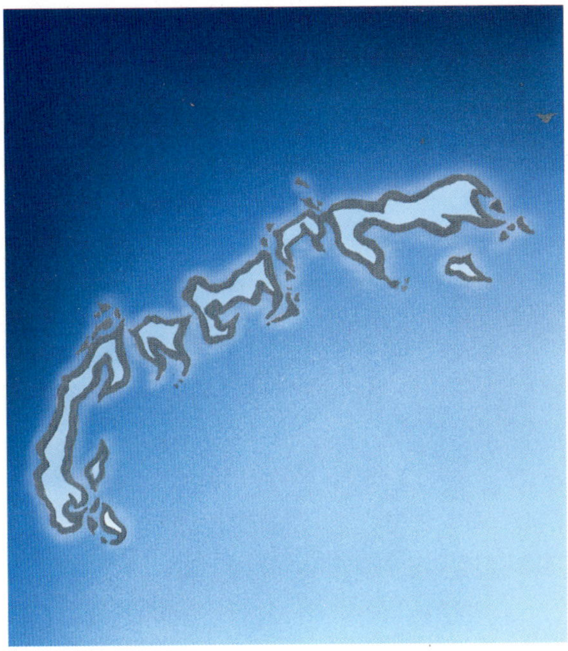

9 Die Wirkung von Wellen, Strömungen und Winden beeinflußt die Entwicklung der maledivischen Atolle und der sie umgebenden Riffe beträchtlich. Ihr Erscheinungsbild verändert sich allmählich von Norden nach Süden, wo große, runde Atolle überwiegen.

D

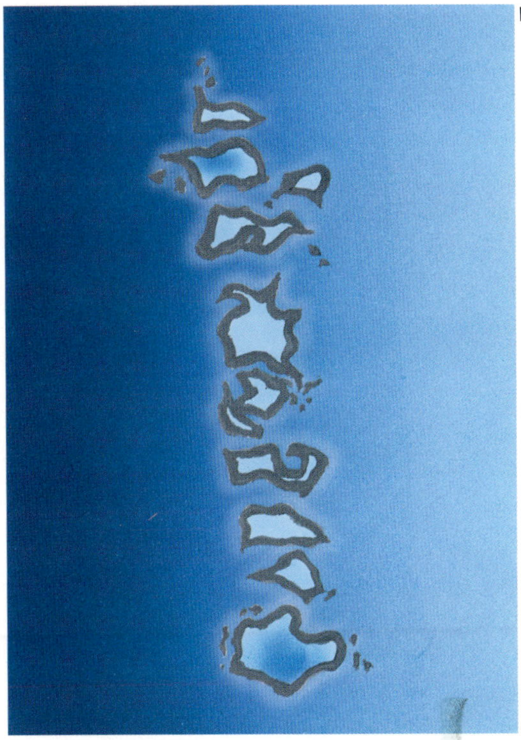

Ausgehend von ihrer Form lassen sich die folgenden Rifftypen unterscheiden:
A einzelne, voneinander abgegrenzte Barriereriffe, die meist bogenförmig sind;
B ringförmige Kranzriffe, die klar voneinander getrennt sind und eine weite innere Lagune haben;
C Bankriffe, die klar getrennt sind, aber parallel zueinander verlaufen und der Trennlinie zwischen Ozean und Atoll-Lagune folgen;
D aus kleinen Kranzriffen zusammengesetzte, sogenannte Bandriffe, die eine beinahe geschlossene Barriere bilden.

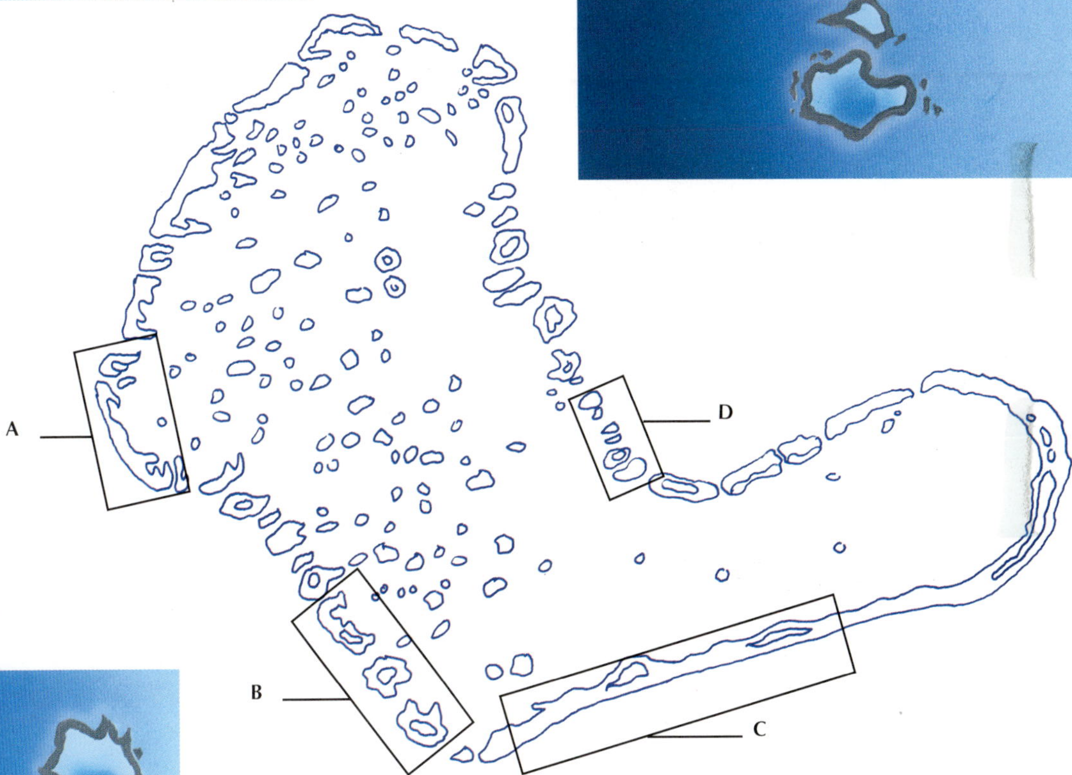

B

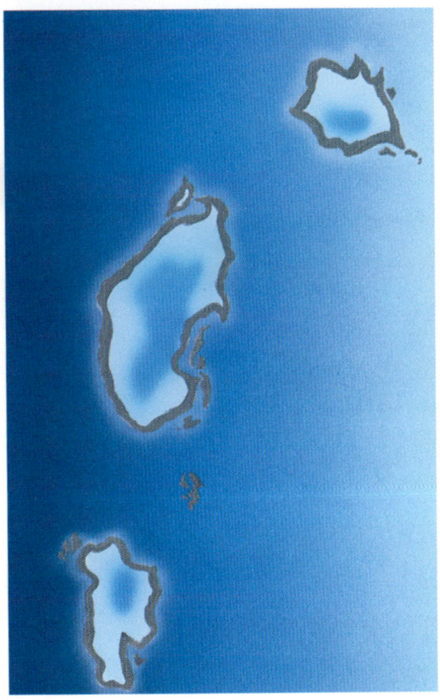

C

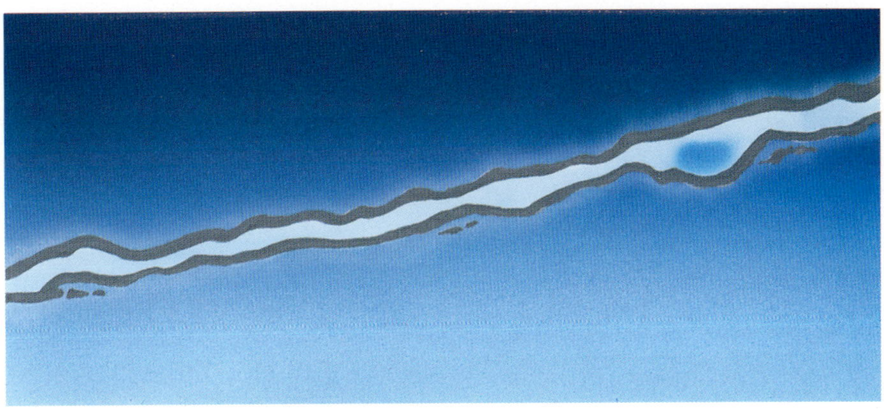

Die Korallengründe der Malediven

Auf den Malediven findet man die reichsten Korallenformationen des Indischen Ozeans. Die Forscher haben über 88 Gattungen und über 100 unterschiedliche Arten von Steinkorallen identifiziert. Diese große Vielfalt ist den günstigen Umweltbedingungen in dieser Gegend zu verdanken. Natürlich gedeihen die Korallen nicht überall und gleichförmig. Die verschiedenen Lebensräume innerhalb eines Atolls beherbergen gewöhnlich eine Ansammlung verschiedener Korallen, von denen jeweils nur einige vorherrschend sind. Wenn wir eine der begrünten Inseln als Ausgangspunkt nehmen, die mit Kokos- und Schraubenpalmen bewachsen sind, haben wir die Wahl zwischen zwei Richtungen, die in höchst unterschiedliche Lebensräume führen: in die Lagune des Atolls und in den offenen Ozean.

Die klassische Einteilung des Weges vom Strand in die Lagune besteht aus vier unterschiedlichen Zonen, deren Ausmaße und Größe in den verschiedenen Gebieten der Malediven stark differieren können: eine innere Zone, eine Korallen-Mischzone, eine von Acropora-Korallen

10 oben Diese Schwarm-Wimpelfische (Heniochus diphreutes) halten sich vorwiegend in den Riffkanälen auf, wo der Fluß nahrungsreichen Wassers am intensivsten ist.

10 unten In der Lagune findet man zahlreiche abgestorbene Korallen.

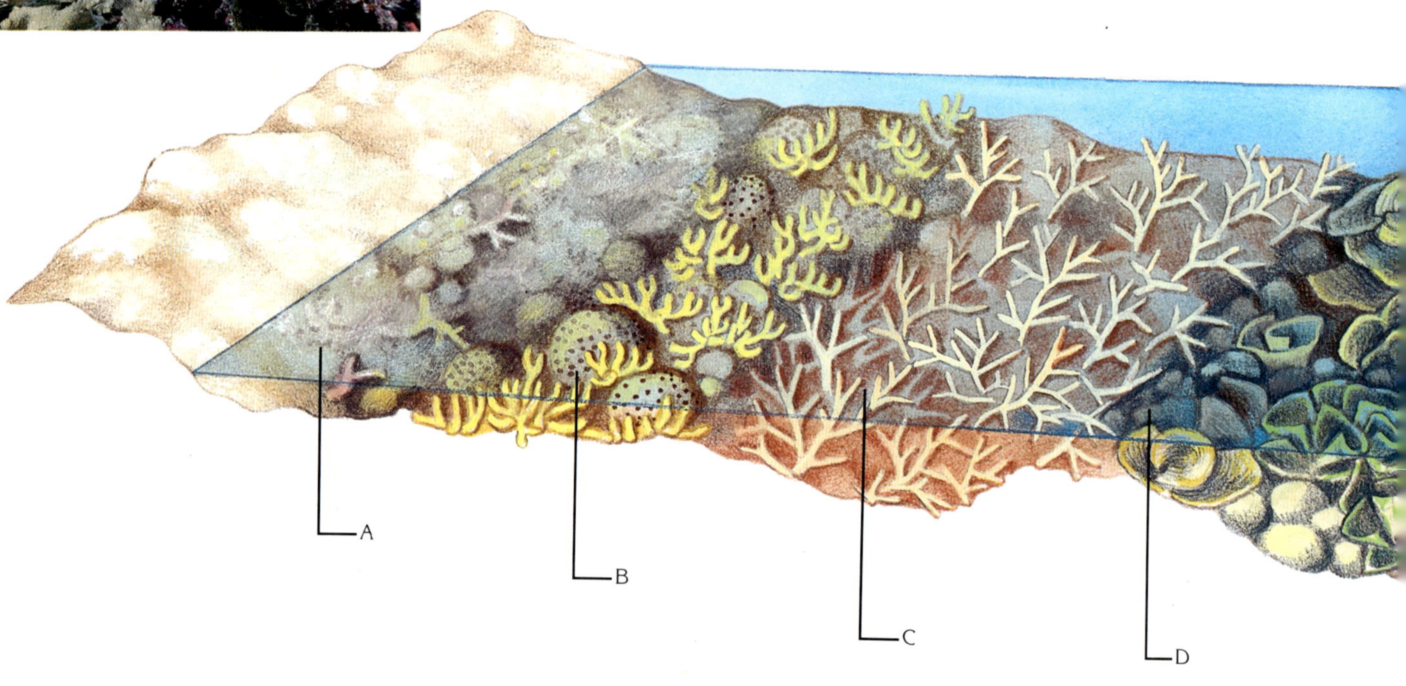

10 - 11 Zeichnung Das Gebiet zwischen dem Inselstrand und dem der Lagune zugewandten Riff ist in eine Reihe von Zonen unterteilt, in denen jeweils die Korallenarten vorherrschen, die für die lokalen Umweltbedingungen am besten geeignet sind.
A Die innere Zone beginnt an der Wassergrenze und ist durch Sandgrund und abgestorbene Korallen gekennzeichnet.
B In der Korallen-Mischzone findet man hauptsächlich Acropora-Korallen (beispielsweise Acropora digitifera), Himbeerkorallen, Blaue Korallen und massive Bauformen wie Hirnkorallen.
C In der Acropora-Zone herrschen verzweigte Bauformen vor, insbesondere Acropora formosa mit charakteristischen, spitz auslaufenden Zweigen.
D Der obere Bereich der äußeren Zone ist gekennzeichnet durch einen Gürtel von durcheinander stehenden Gehirn- und Salatblatt-Korallen.
E Der Riffabhang ist der belebteste Teil des Riffs. Dort stehen Tisch- und Rauhsternkorallen, verschiedene Pilz- und Diskuskorallen, Kolonien von Waben- oder Hirnkorallen sowie Blasenkorallen.

11 oben links
Eine zart gegliederte Weichkorallenkolonie hat auf einer ausgedehnten Steinkoralle Fuß gefaßt.

11 oben rechts
Eine beeindruckend große Tischkoralle ist senkrecht aus dem Riff herausgewachsen, wahrscheinlich um so am effektivsten die Strömungen auszunutzen.

11 unten Der Juwelen-Zackenbarsch (Cephalopholis miniata) steht zwischen den Zweigen einer Zäpfchenkoralle.

A innere Zone
B Korallen-Mischzone
C Acropora-Zone
D äußere Zone
E Riffabhang

dominierte Zone und eine äußere Zone.

Die innere Zone, deren Größe sehr variabel ist und von Form und Größe des Farus abhängt, beginnt am Strand und ist hauptsächlich durch Sandgrund gekennzeichnet, wobei Korallen nahezu vollkommen fehlen. In Strandnähe ist der Sandgrund von den Wellen gerippt. Dann folgt ein Bereich, in dem Stücke abgestorbener Korallen oder auch tote Korallenblöcke liegen, die Höhlen und Spalten aufweisen, in denen man Mollusken und kleine Stachelhäuter finden kann. Bei manchen Inseln kann diese Zone auch mit den langen, bandförmigen Blättern von Seegräsern bedeckt sein.

In der Korallen-Mischzone wächst das Vorkommen von Korallen, je weiter man sich vom Ufer entfernt. Als erstes treten die verzweigten Acropora-Arten auf (beispielsweise Acropora digitifera mit kurzen, fingerartigen Zweigen), die hauptsächlich abgestorbene Korallen besiedeln und im Flachwasser auch kurzen Perioden des Trockenfallens standhalten können. Dazwischen stehen Stöcke von Himbeerkorallen (Pocillopora sp.), Blauer Korallen (Heliopora sp.), kleine, massive Stöcke von Wabenkorallen (Goniastrea sp.) und seltener einmal eine Pilzkoralle (Fungia sp.).

Die nächste Zone wird von den Korallen der Art Acropora formosa, dominiert, einer verzweigten Art mit spitz auslaufenden Ästen. Diese Steinkoralle kommt vor allem in etwas tieferem Wasser vor, und es ist nichts Ungewöhnliches, daß sie in den Einschnitten zwischen zwei Sandbänken steht. Je nach den vorherrschenden Bedingungen und größerer oder geringerer Strömungen kommt diese Art überwiegend vor oder wird durch massive Korallenarten wie Waben- und Gehirnkorallen ersetzt.

Die äußere Zone schließlich, die durch die Nähe des tiefen Wassers und günstigere Bedingungen für die Entwicklung der Korallen gekenn-

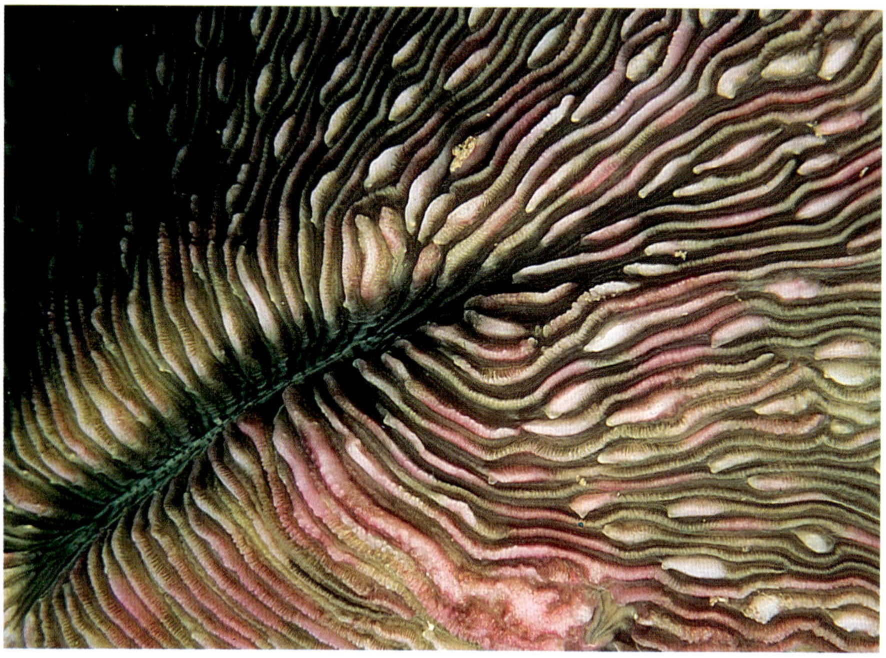

12 oben Die Roten Feuerkorallen sind extrem fein und zerbrechlich, wachsen allerdings nur in größeren Tiefen.

12 Mitte In der Nahaufnahme erkennt man die streifenförmigen, langgezogenen Septen der Pilzkoralle. Diese Einzelkorallen liegen lose auf dem Korallengrund.

12 unten Die Zweige der Schwarzen Korallen (Anthipatharia) sehen aus als seien sie dicht mit Blättern besetzt. Dieses Dickicht beherbergt zahlreiche Lebensformen, die hier Schutz und Nahrung suchen.

zeichnet ist, wird durch einen Gürtel aus verschiedenen Arten geschmückt, wobei die vorherrschenden Arten diejenigen mit massiven, runden Wuchsformen sind, die häufig über einen Meter Durchmesser erreichen. Verzweigte und blattartige Formen sind eher selten. Typisch sind dagegen Hirnkorallen und Bergkorallen. Dieser Korallengürtel wirkt wie ein Vorspiel zum eigentlichen Riff, das dahinter in den tieferen Bereich der Lagune abfällt. Die obere Kante des Riffs, die direkt der Wellenbewegung ausgesetzt ist, gehört zu den korallenreichsten Gebieten, und nur etwa zehn Prozent ist frei von Korallen. Hier finden sich als vorherrschende Arten beispielsweise die blatt- oder tischförmigen, die ausgebreitete, flache Platten bilden, wobei fingerartige Ästchen dicht gedrängt zusammenstehen. Diese Arten erkennt man manchmal auch an einer rosa oder bläulichen Färbung der Wachstumsspitzen. Auch die Echinopora laminosa findet man häufig. Wie ihr Name es ausdrückt, bildet sie blattähnliche Kolonien mit hervorstehenden Koralliten und gewellten Rändern, die manchmal auch pfeifenförmig gebogen sind. Diese Korallenart kommt – abhängig von der Steile des Riffhangs und der Einwirkung von Brandung und Strömung – bis in Tiefen von zehn bis 15 Meter vor. In dieser Tiefe werden die Steinkorallen-Bestände zunehmend von sandigen Zonen unterbrochen, auf denen die scheibenförmigen Einzelkorallen der Gattung Pilzkorallen und die mehr länglich-ovalen Scheiben der Gattung Bumerangkorallen in großer Zahl zu finden sein.

Zu den Korallen, die in tieferem Wasser vorkommen, zählen die Gerillten Plattenkorallen, massive Steinkorallen aus den Gattungen Favites, Favia, Goniastrea und Porites, und auch die verzweigten Arten der Gattung Acropora treten wieder stark in Erscheinung. Das untere Ende des Riffs wird durch die durchgängig flache Sandebene des

Lagunenbodens markiert, der bis zu 60 bis 80 Meter tief liegen kann.
Auch das Gebiet zwischen der Insel und dem Außenriff weist eine Art Zonierung auf, so daß man mindestens vier verschiedene Lebensräume unterscheiden kann: eine Plattform, eine Schuttzone, eine Reihe von kanalähnlichen Vertiefungen und eine Algenzone.
Die anfängliche Plattform, die an manchen Stellen bei Ebbe trocken fällt, besteht aus Felsgestein korallinen Ursprungs, das von einer dünnen Sandschicht bedeckt ist. Manchmal kommen hier marine Pflanzen vor. Korallen sind selten, lediglich ein paar Kolonien von Blauen Korallen (Heliopora sp.) und Bergkorallen kann man finden.
Diese Plattform grenzt an der seewärtigen Seite an einen Schuttgürtel, an dem Korallenschutt unterschiedlicher Größe (bis zu einem Meter Durchmesser) lange Streifen bildet. Diese Schuttanhäufung wird dem Wirken der Gezeiten zugeschrieben. Hier ist der Meeresboden unregelmäßiger. Flache Bereiche wechseln sich mit tieferen Becken ab, in denen Krustenkorallen oder Arten mit dicken Zweigen (aus den Gattungen Porites, Acropora und Pocillopora) wachsen können.
Die nächste Zone weist breite, flache Kanäle auf, die aber auch bei Ebbe mit Wasser gefüllt sind. Der Boden besteht aus großen Flächen von Korallenschutt, Krustenalgen und einigen Korallen sowie Hydrokorallen (Feuerkorallen). Sie bilden einen Lebensraum voller Spalten und Verstecken, in denen sich Muscheln und Stachelhäuter verbergen können.
Die äußerste Zone, die zum eigentlichen Riff führt, wird von krustenden Kalkalgen dominiert, die einen Wellenbrecher bilden. Sie ragen nur selten aus dem Wasser heraus. Dieses Algenriff ist von Kanälen durchbrochen, die die Wellen ausgehöhlt haben. Wasser dringt schnell und mit Wucht durch diese Kanäle ein und fließt durch Dutzende von Kanälchen in entgegengesetzter Richtung langsam wieder ab. Man findet hier auch kleine Steinkorallenkolonien, Feuerkorallen (meist am Rand der Kanäle) sowie Krustenanemonen.
Der Außenhang des Riffs besteht aus einem oberflächennahen Bereich, der von den Wellen gepeitscht wird, und einer tiefer liegenden, abfallenden Terrasse, denen dann der Steilabfall in die Tiefe folgt. Im Bereich nahe der Oberfläche findet man hervorstehende Felsen, zwischen denen tiefe Einschnitte klaffen. Die Wassermassen werden hier von den Wellen heftig bewegt und kanalisiert, und beständig werden Sedimente vom Grund aufgewirbelt. Deshalb ist das Korallenwachstum auf ein paar massive Äste der Elchgeweihkorallen beschränkt. An einigen besonders exponierten Riffen verspürt man die Bewegung der Brandung noch bis in 25 Meter Tiefe.
Unter diesem oberflächennahen Gürtel liegt eine geneigte Terrasse mit Korallenformationen, vorwiegend Elchgeweihkorallen und anderen verzweigten Acropora-Arten, daneben auch Rauhsternkorallen (Gattung Echinopora), deren blattförmige Strukturen verstärkt sind, so daß sie den Wellen standhalten können. Zwischen den Korallen öffenen sich sandige, mit Korallenschutt bedeckte Flächen. Ab 20 Meter Tiefe treten dann häufiger Kolonien von Weichkorallen und Gorgonien sowie die baumförmigen Kolonien der Zäpfchenkorallen (Tubastrea) auf. Letztere erscheint bei Tag grünlich-schwarz, während die Färbung bei Nacht, wenn die Polypen voll entfaltet sind, goldgelb ist.

13 Bei den Weichkorallen treten die unterschiedlichsten Wuchsformen in Erscheinung. Die Abbildungen zeigen von oben nach unten eine typische Fächerkoralle, auch Gorgonie genannt, die langen Zweige von Peitschenkorallen und schließlich die buschartigen Wuchsformen von Lederkorallen.

DIE UNTERWASSERWELT DER MALEDIVEN

Die Unterwasserwelt der Malediven, die sich über ungefähr 900 Kilometer längs durch den Indischen Ozean erstreckt, wobei das trockene Land weniger als 300 Quadratkilometer ausmacht, kann als unendlich vielfältig bezeichnet werden – ein Paradies aquatischen Lebens, in dem über ein Drittel aller Fische des Indischen Ozeans vorkommen.

14 oben Dieses Pärchen von Malediven-Anemonenfischen (Amphiprion nigripes) lebt ständig in der Seeanemone, die mit ihren nesselnden Tentakeln Schutz bietet.

14 Mitte Ein gelber Federstern hat auf einem Korallenblock eine strömungsreiche Stelle eingenommen.

14 unten Die Riesenmuschel (Tridacna gigas) ist halb in die Steinkoralle eingewachsen.

Der Hauptgrund für diesen Überfluß liegt in der Vielfalt der Lebensräume in dieser Inselwelt. Während die Barriereriffe aus Tiefen von zwei- bis dreitausend Meter zur Oberfläche hochsteigen, wo sie von Brandung und starken Strömungen gebeutelt werden, gibt es ebenso ruhige Lagunen, die von weißen Stränden gesäumt sind. Immer wechselhaft, niemals gleichförmig, durchbrochen von Höhlen und Gängen sowie von Tunneln und Canyons, bieten die Riffe ideale Lebensräume, die den Bedürfnissen aller Arten und Lebensgemeinschaften entgegenkommen. Die einen betrachten sie als ideale Verstecke vor Freßfeinden, die anderen liegen und lauern dort, wieder andere verstecken dort ihre Eier oder ihre Jungen. In einigen Fällen hat die Evolution zur Bildung außerordentlicher zwischenartlicher Beziehungen geführt, und zwar nicht nur zwischen Tieren, die derselben zoologischen Klasse angehören wie beispielsweise die Putzerfische und ihre Kunden, sondern auch zwischen Organismen, die stammesgeschichtlich weit auseinanderliegen wie bei den Anemonenfischen und den Anemonen oder den Grundeln und den Garnelen.

Die komplexen Beziehungen zwischen dem Fisch und der Umwelt können erst voll verstanden werden, wenn man über ausreichende Taucherfahrung verfügt. Das chaotisch erscheinende Durcheinanderschwimmen der Fahnenbarsche beispielsweise hängt mit den Bewegungen der Wassermasse sowie der darin enthaltenen Planktonmengen zusammen. Auch werden diese Fische durch das Vorbeischwimmen größerer Fische oder von Tauchern beeinflußt, schließlich noch durch territoriale Beziehungen zwischen dem dominanten Männchen und seinem Harem von Weibchen.

Aber es ist nicht nur das Verhalten der Fische, das den Taucher erstaunt. Bei jedem Tauchgang oder auch schnorchelnd bemerkt man die unterschiedlichen Formen der Fische: schlangenförmig (Muränen, Pfeifen- und Trompetenfische), schlank auslaufend (Zackenbarsche, Lippfische, Thunfische und Stachelmakrelen), gerundet (Kugel- und Igelfische), schachtelförmig wie die Kofferfische, hochrückig und seitlich abgeflacht (Kaiser- und Falterfische, Drücker-und Doktorfische) oder platt (Mantas, Adlerrochen und Stechrochen). Jede Körperform steht in einer spezifischen Beziehung zu dem Lebensraum jeder einzelnen Art. Manchmal ist diese Beziehung einfach zu erkennen, beispielsweise bei manchen tropischen Riffbarschen, die sich im Falle der Gefahr zwischen den Zweigen der Steinkorallen verbergen und diese auch nicht verlassen, selbst wenn die Koralle zeitweise aus dem Wasser gehoben wird.

Aber Fische und Korallen stellen nur einige der vielen Lebensformen dar, die man am Riff findet, denn zahlenmäßig bilden die Wirbellosen die Mehrzahl. Schnecken und Stachelhäuter findet man sehr häufig. Zu den ersteren zählen zahlreiche kleine Nacktschnecken, die auf der Suche nach Seemoosen und Schwämmen, von denen sie sich ernähren, umherkriechen. Tagsüber kann man die Porzellanschnecken, deren glänzendes Gehäuse mit einem tarnenden Mantel überzogen ist, nur in den Spalten zwischen den Korallen entdecken. Die beste Zeit, sie zu sehen, ist am frühen Morgen, wenn sie ihre Verstecke noch nicht wieder erreicht haben. Auf den Touristeninseln ist es verboten, sie und jede andere Art marinen Lebens dem Wasser zu entnehmen. Der Schutz der maledivischen Unterwasserwelt ist nicht nur eine Sache der Malediver, sondern auch der zahlreichen Besucher. Die zweischaligen Weichtiere, die Muscheln, sind durch Arten wie die Riesenmuschel (Tridacna gigas) vertreten, die in reicher Zahl vorhanden sind. Wenn sie sich öffnen, ähneln sie farbigen Augen zwischen den Korallen. Auch zahlreiche Seeigel und Seesterne bewohnen das Riff. Rote und gelbe Maschensterne (Fromia sp.) gibt es da neben den Blauen Rundarm-Seesternen (Linckia laevigata) und den Kissen-Seesternen der Gattungen Culcita und Choriaster. Von Zeit zu Zeit bekommt man die große Dornenkrone (Acanthaster planci) mit ihrer rotblauen Färbung zu Gesicht, die die Polypen der Steinkorallen abweidet. Schlangensterne mit langen, dünnen Armen bewegen sich träge in den Spalten des Riffs und auf den Fächerkorallen. Wegen ihrer geringen Größe werden sie häufig nicht wahrgenommen, während die Federsterne mit ihren farbenfrohen Federarmen zu den unübersehbaren Erscheinungen im tieferen Bereich des Riffs gehören. Die Seeigel sind zu bekannt, als daß man sie nicht beachten könnte. Ihre Stacheln können lang und spitz sein wie beim Diadem-Seeigel, aber auch dicklich wie beim Griffel-Seeigel. Auch viele Krustentiere gibt es. Langusten, Riffhummer, Krabben und Einsiedlerkrebse schweifen vorwiegend nachts im Riff herum und betätigen sich als effiziente Abfallsammler. Einige von ihnen leben in enger Symbiose mit größeren Tieren, beispielsweise mit Fischen oder Seeanemonen. Sie säubern sie von Parasiten und organischem Abfall und erhalten dafür Schutz und Nahrung. Diese Arten, wozu auch die Putzergarnelen der Gattung Periclimenes gehören, sind meistens sehr klein, und es gehört eine gewisse Erfahrung dazu, sie aufzuspüren.

15 oben
Die Pyjama-Nacktschnecken (Hypselodoris sp.) findet man zuverlässig auf Schwämmen, da sie diese abweiden.

15 Mitte
Diese Partnergarnele (Periclimenes sp.) lebt gut getarnt auf den Armen einer Lederkoralle.

15 unten
Zwei Bunte Spiralröhrenwürmer (Spirobranchus giganteus) haben sich zusammen mit der Steinkoralle entwickelt, so daß ihre Röhren nun eingewachsen sind.

Die Lagunen

Dreibinden-Preußenfisch
Dascyllus aruanus

Dreifleck-Preußenfisch
Dascyllus trimaculatus

Blaugrüner Chromis
Chromis viridis

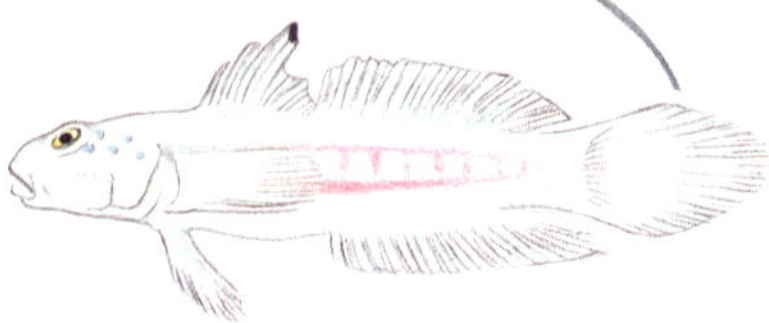

Blaupunkt-Schläfergrundel
Valenciennea sexguttata

Gefleckter Adlerrochen
Aetobatus narinari

Aurora-Wächtergrundel
Amblyeleotris aurora

Schwarzpunkt-Stechrochen
Taeniura melanospilos

Dussumiers Halbschnabelhecht
Hyporhamphus dussumieri

Gemeiner Picassodrücker
Rhinecanthus aculeatus

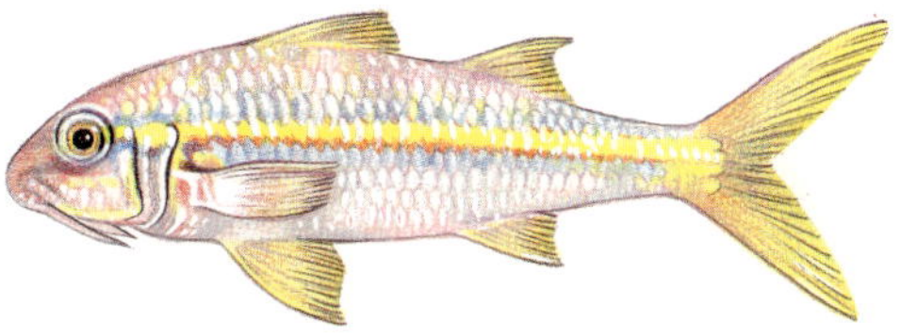

Gelbflossen-Barbe
Mulloidichthys

Flecken-Pompano
Trachinotus bailloni

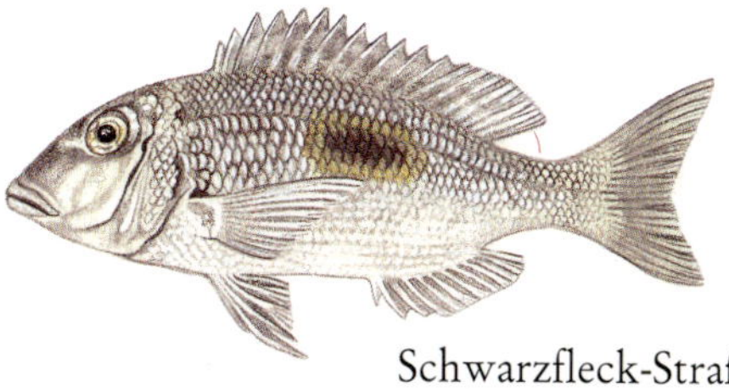

Schwarzfleck-Straßenkehrer
Lethrinus harak

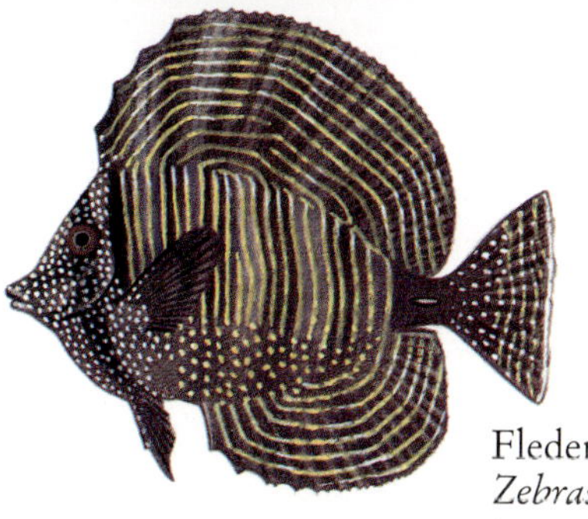

Fledermaus-Segelflosser
Zebrasoma desjardinii

Blauband-Papageifisch
Scarus ghobban

16 -17 Gefleckter Adlerrochen (Aetobatus narinari).

18 - 19 Schwarz-punkt-Stechrochen (Taeniura melano-spilos).

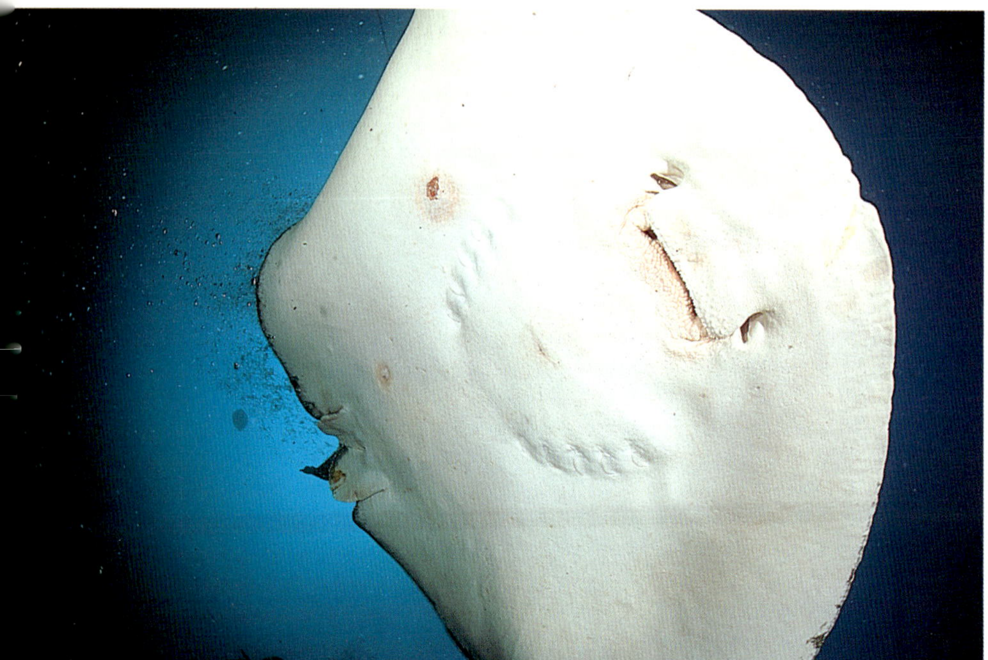

Die Lagunen gehören zu den am besten bekannten Meeresgründen der Malediven. Ihre weißen Säume markieren die oberen Grenzen des Riffs, und die Farbakzente des Wassers, die durch den Sand in der Lagune verursacht werden, scheinen der Palette eines Künstlers zu entstammen. In den flachen Lagunen wird das Licht zurückgeworfen, weshalb sie besonders aus der Flugzeugperspektive so spektakulär aussehen. Aus der Nähe fällt vor allem das klare Wasser ins Auge. Bei noch näherer Betrachtung stellt man aber fest, daß die Lagunen und insbesondere die „velus" (die Lagunen der Farus) ein integraler Bestandteil des Riffs und eine wesentliche Komponente des Atolls sind. Sie sind gewöhnlich nur zwischen fünf und zehn Meter tief und bilden einen idealen Platz zum Schnorcheln. Wenn man vom Strand aus losschwimmt, mag der erste Eindruck an eine Wüste erinnern – aber das liegt daran, daß das Flachwasser, das sich stark aufheizt, für die meisten Lebensformen ungastlich ist. Außerdem erschweren die Lichtreflexe auf dem Sand die Orientierung in der Landschaft. Die-

ser Sand wird laufend durch die Erosion abgestorbener Korallen gebildet und durch Brandung und Strömungen in die Lagune hineingetragen. Man muß etwas weiter hinausschwimmen, um den ersten Fischen zu begegnen, beispielsweise den Meerbarben, die mit ihren langen Barteln den Sandgrund auf der Suche nach Freßbarem durchpflügen.

Interessanter ist es, die Plätze aufzusuchen, die man als dunkle Stellen im Wasser auch vom Strand aus lokalisieren kann. Hierbei handelt es sich um tote Korallenblöcke oder um Steinkorallenkolonien, die dem Leben in der Lagune perfekt angepaßt sind. Sie konnten sich an Stellen mit verklebtem Sand oder auf totem Korallengestein ansiedeln. Einige dieser Formationen lassen sich größenmäßig durchaus mit ihren Artgenossen im richtigen Riff vergleichen. Allerdings ist die Zahl der Arten auf die anpassungsfähigsten begrenzt. Ein kleiner Ausschnitt des reichen Lebens ringsum kann hier unter absolut sicheren Bedingungen beobachtet werden. Wie in einem Demonstrations-Aquarium ist der Korallenstock von Wolken kleiner Riffbarsche, Doktor- und Papageifische umgeben, wobei es sich allgemein um die Jungtiere handelt, die hier ohne allzu große Bedrohung durch Verfolger aufwachsen können. Diese Korallenformationen, von denen einige bis beinahe zur Wasseroberfläche hochwachsen und Miniaturlagunen bilden, können wir nach und nach erkunden. Von einer zur anderen schwimmend und dabei immer den Sandgrund im Auge behaltend, entdecken wir lauernde Eidechsenfische oder scheue Grundeln in ihren

20 - 21 *Gelbflossen-Barbe (Mulloidichthys vanicolensis).*

21 oben Langschnauziger Straßenkehrer (Lethrinus olivaceus).

21 unten Blauband-Papageifisch (Scarus ghobban).

Tarnfarben, die Wache vor ihren Schlupflöchern halten und dort hineintauchen, wenn sie sich bedroht fühlen. Während dieser Erkundung der Lagune treffen Sie vielleicht auch auf kühlere Strömungen. Dies ist ein Anzeichen dafür, daß frisches Meerwasser durch einen der Kanäle im umgebenden Riff einströmt und das Wasser der Lagune erneuert. In der Nähe solcher Strömungen lauern größere Fische, die vom Fluß des nahrstoffreichen Wassers angezogen werden, wie die langen, schlanken Halbschnabelhechte, die silbrig glänzenden Pompanos sowie manche Straßenkehrer-Arten. Die Ränder dieser Kanäle sind ein idealer Platz für Beobachtungen bei Sonnenunter- oder -aufgang, weil dann häufig Adler- und Stechrochen vorbeikommen, die zum Übernachten die Lagune aufsuchen.

22 oben Dreibinden-Preußenfisch (Dascyllus aruanus).

22 Mitte links Dreifleck-Preußenfisch (Dascyllus trimaculatus).

22 unten Blaugrüner Chromis (Chromis viridis).

22 Mitte rechts und 23 Gelbbauch-Riffbarsch, grüne Farbvariante (Amblyglyphidodon leucogaster).

Die Thilas

Silberspitzenhai
Carcharhinus albimarginatus

Großer Barrakuda
Sphyraena barracuda

Napoleonfisch
Cheilinus undulatus

Rotzahn-Drückerfisch
Odonus niger

Weißer Thunfisch
Thunnus alalunga

Rundkopf-Fledermausfisch
Platax orbicularis

Blauflossen-Makrele
Caranx melampygus

Bogenstirn-Hammerhai
Sphyrna lewini

24- -25 Hochsee-Weißspitzenhai (Carcharhinus longimanus).

Schwarzweiß-Süßlippe
Plectorhinchus picus

Eine helle Fläche im umgebenden blauen Wasser, die plötzlich vor dem Dhoni erscheint, dem klassischen maledivischen Boot, ist ein sicheres Anzeichen für ein Thila. Der Begriff „thila“ bedeutet in der maledivischen Sprache Divehi ein isoliertes Riff im offenen Wasser, eine Korallenbank, die vom Meeresgrund bis nahezu an die Wasseroberfläche hochsteigt. Ein Hauptmerkmal der Thilas, die hier ausgeprägter sind als in anderen Riffgebieten, ist das beinahe konstante Vorkommen von Strömungen, die gegen diesen Korallenturm anstürmen und seine Entwicklung beeinflussen. Seine Form wird dabei entsprechend der vorherrschenden Strömungsrichtung ausgebildet, deren unaufhörli-

26 Langflossen-Fledermausfisch (Platax teira).

27 oben Dunkelflossen-Barrakuda (Sphyraena qenie).

27 Mitte Bogenstirn-Hammerhai (Sphyrna lewini).

27 unten Großer Barrakuda (Sphyraena barracuda).

che Einwirkung manchmal faszinierende Tunnel unter Wasser gräbt. Dieser Meeresgrund wimmelt vor Lebensformen: Muränen, Soldaten- und Husarenfische, Steinfische, Drachenköpfe und Anemonenfische leben zusammen mit Gorgonien sowie Leder- und Steinkorallen. Aber die wahren Herrscher der Thilas sind die großen, im Freiwasser lebenden Fische. Angezogen von der Strömung, versammeln sich hier große Thune und Stachelmakrelen sowie jagende Milchfisch-Schwärme. Silberspitzenhaie und Bogenstirn-Hammerhaie sind zu bestimmten Zeiten des Jahres alles andere als selten, vor allem um die Thilas herum, die nicht so oft von Menschen besucht werden. Häufiger noch trifft man auf Arten wie den Grauen Riffhai, weshalb manche Thilas Hai-Namen tragen. Zu den Großfischen gehören schließlich die Barrakudas, die, wie die anderen Raubfische in diesem Lebensraum, in dem Muskelkraft und Schwimmkunst den Unterschied zwischen Leben und Tod ausmachen, die Futterkrippe reich gefüllt finden. Aber selbst dicht bei den Korallen halten die Thilas Überraschungen bereit, etwa die Begegnung mit dem großen, neugierigen Napoleonfisch oder mit Schwärmen von Fledermausfischen. Letztere vermischen sich bei der Jagd auf Kleintiere manchmal mit den Rotzahn-Drückerfischen, die wiederum in den Spalten der Stein- und Lederkorallen Schutz suchen.

28 oben Napoleonfisch (Cheilinus undulatus).

28 unten Weißer Thunfisch (Thunnus alalunga).

29 Blauflossen-Makrele (Caranx melampygus).

Die Riffkanäle

Wahoo
Acantocybium solandri

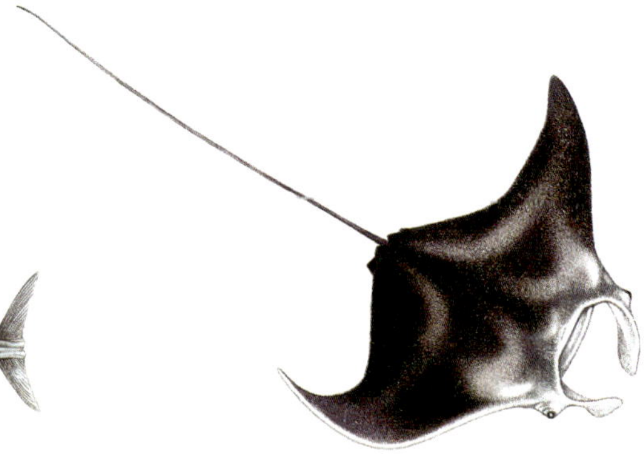

Manta
Manta birostris

Doppelfleck-Schnapper
Lutjanus bohar

Buckel-Schnapper
Lutjanus gibbus

Masken-Nasendoktor
Naso vlamingi

Weißschwanz-Doktorfisch
Acanthurus thompsoni

Blaustreifen-Doktorfisch
Acanthurus lineatus

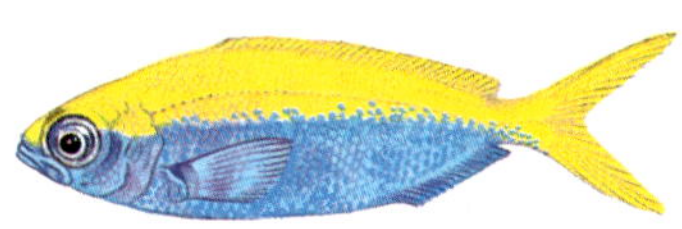

Gelbstirn-Füsilier
Caesio xanthonota

Schwarm-Wimpelfisch
Heniochus diphreute

Großaugen-Makrele
Caranx sexfasciatus

30 - 31 Zitronen-Makrele, silbrige Farbvariante (Carangoides bajad).

Grauer Riffhai
Carcharhinus amblyrhynchos

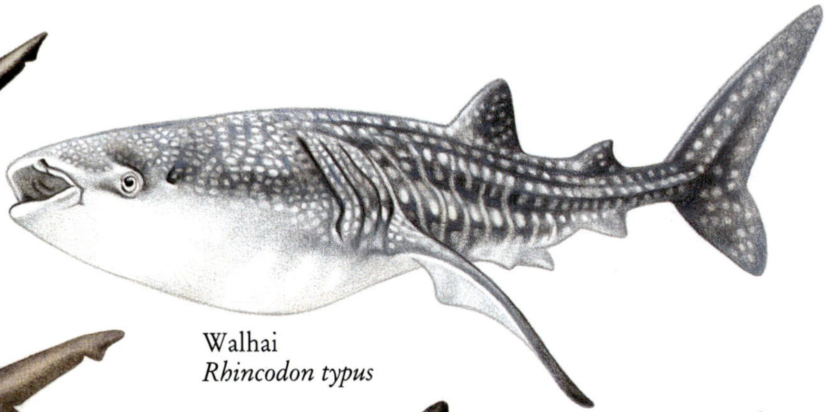

Walhai
Rhincodon typus

Weißspitzen-Riffhai
Triaenodon obesus

Schwarzspitzenhai
Carcharhinus melanopterus

Zum Ökosystem der Atolle sind die sogenannten Pässe notwendig, die Riffkanäle, die über 50 Meter tief sein können. In ihnen verursachen die Gezeiten sehr heftige Strömungen, die es dem Taucher ermöglichen, mehrere hundert Meter wie im Flug ohne einen Flossenschlag zurückzulegen. Allerdings erfordert diese Art zu tauchen ständige Aufmerksamkeit. Ein guter Führer, ununterbrochener Kontakt zum Boot und ein häufiger Blick auf die Instrumente sind die Voraussetzungen, um in Sicherheit die Begegnung mit Grauen Riffhaien, Schwarzspitzen-Riffhaien und Silberspitzenhaien zu suchen. Solche Begegnungen mit Haien – von den Maledivern „miyaru" genannt – sind in den Kanälen beinahe garantiert, obwohl diese Fische ganz entgegen ihrem schlechten Ruf scheu sind und sich dem Taucher nur nähern, wenn sie mit Futter angelockt werden.

Ein häufiger Blick zum offenen Wasser sowie zur Oberfläche hinauf wird oft mit dem Anblick einer vorbeiziehenden Gruppe von Adlerrochen belohnt, die man an ihrem peitschenartigen Schwanz und dem weißgepunkteten Rücken erkennt, oder man sieht einen Manta mit seiner weißen Bauchseite und den breiten „Schwingen". Nicht so häufig, aber auch nicht ausgeschlossen, ist die Begegnung mit einem Walhai.

Die Riffkanäle werden auch häufig von Wahoos aufgesucht. Sie sehen den Barrakudas recht ähnlich, gehören aber zu den makrelenartigen Fischen und sind so schnelle Schwimmer, daß das Auge ihnen kaum folgen

32 unten und 33 oben Manta (Manta birostris).

32 oben und 32 - 33 Walhai (Rhincodon typus).

34 - 35 und 35 Mitte sowie unten Grauer Riffhai (Carcharhinus amblyrhynchos).

34 unten links Silberspitzenhai (Carcharhinus albimarginatus).

34 unten rechts Weißspitzen-Riffhai (Triaenodon obesus).

35 oben Schwarzspitzenhai (Carcharhinus melanopterus).

36 oben Schwarm-Wimpelfisch (Heniochus diphreutes).

36 Mitte Gelbstirn-Füsilier (Caesio xanthonota).

36 unten Masken-Nasendoktor (Naso vlamingi).

36 - 37 Neon-Füsilier (Pterocaesio tile).

kann. Das offene Meer wird aber nicht nur durch Großfische charakterisiert. Am flachen Grund der canyonartigen Pässe, der mit langen Peitschenkorallen, Schwarzen Korallen und den bizarren Kolonien der Zäpfchenkorallen bestanden ist, halten sich Makrelenschwärme auf, die sich zwischen die Schulen der Nasen-Doktorfische und Füsiliere mengen. Die Anwesenheit von Füsilieren läßt immer auf Strömungen und Mengen von Plankton schließen. Sie bilden nämlich den Anfang einer der vielen Nahrungsketten im Riff, an dessen Ende die großen Zackenbarsche und andere Großfische stehen.

Zitronen-Barbe
Parupeneus cyclostomus

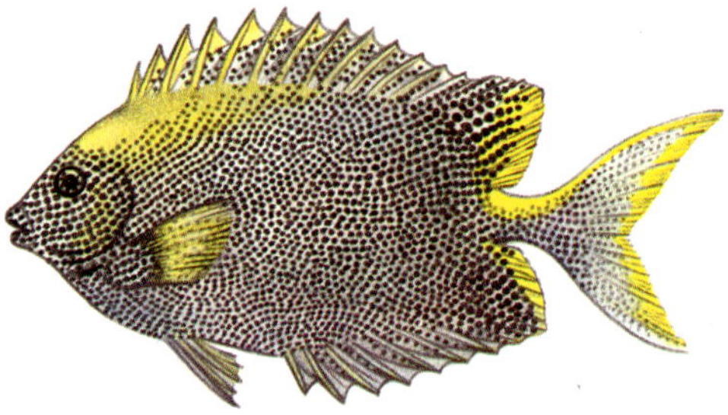

Tüpfel-Kaninchenfisch
Siganus stellatus

Riff-Eidechsenfisch
Synodus variegatus

Schachbrett-Junker
Halichoeres hortulanus

Feuer-Schwertgrundel
Nemateleotris magnifica

Ohrfleck-Röhrenaal
Heteroconger hassi

Gewöhnlicher Ammenhai
Nebrius ferrugineus

38 - 39 Gewöhnlicher Ammenhai (Nebrius ferrugineus).

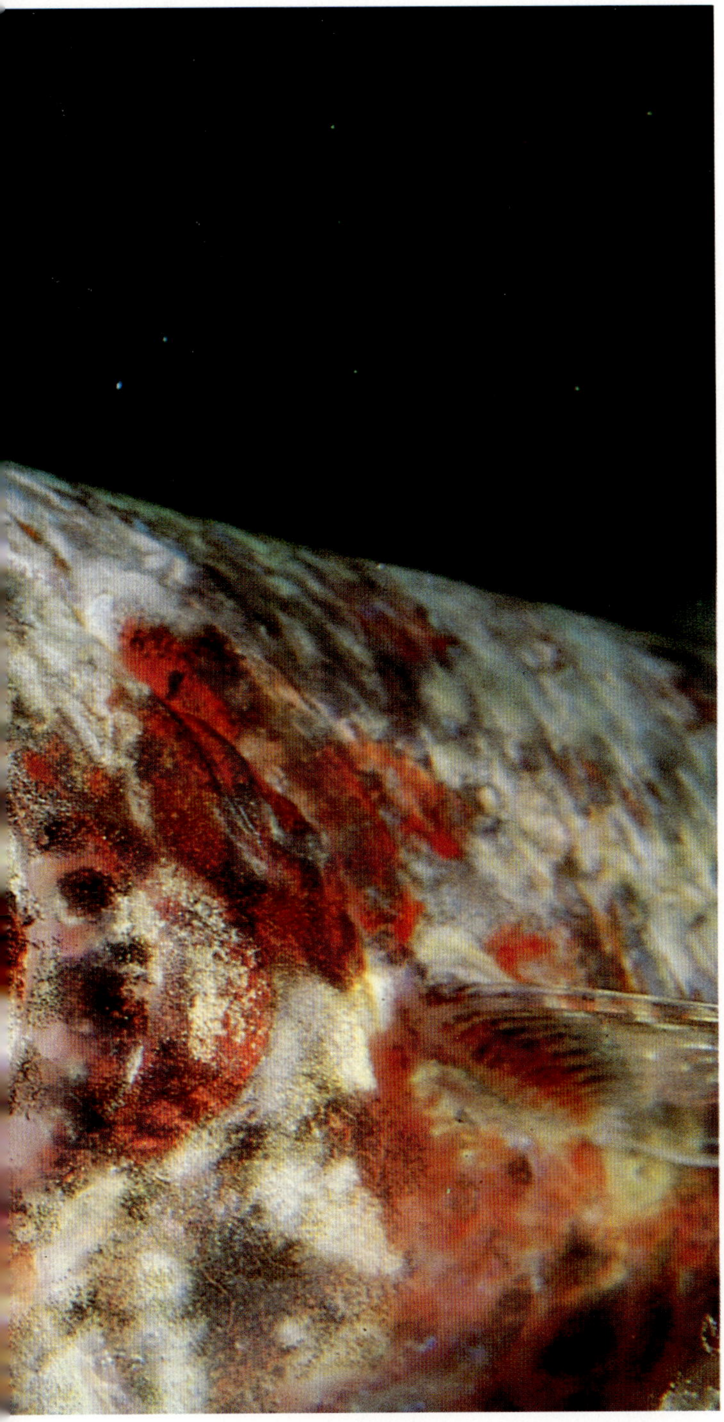

40 - 41 Riff-Eidechsenfisch (Synodus variegatus).

40 unten links Feuer-Schwertgrundel (Nemateleotris magnifica).

40 unten rechts Dekor-Schwertgrundel (Nemateleotris decora).

41 Ohrfleck-Röhrenaal (Heteroconger hassi).

Die Sandgründe, die das Riff oberflächennah in unregelmäßigen Abständen unterbrechen und entlang der flachen Terrassen am Fuß des äußeren Riffhanges vorherrschend werden, scheinen bar jeden Lebens zu sein. Vielleicht ist dieser Eindruck nur auf die mangelnde Aufmerksamkeit der Taucher zurückzuführen, die von den vielfarbigen Riffischen abgelenkt werden, oder es liegt daran, daß sie sich häufig bei Annäherung der Taucher leeren. Die Röhrenaale beispielsweise ziehen sich dann rasch in ihre Höhlen im Sandgrund zurück. Ähnlich verhalten sich die Schwertgrundeln, die paarweise auf den sandigen Stellen am Fuß der Riffe oder am Eingang kleiner Höhlen leben.
Der Sand, der den Boden größerer Grotten bedeckt, sowie der Meeresgrund, auf dem die schirmartigen Acropora-Korallenstöcke wachsen, ist tagsüber der be-

vorzugte Ruheplatz der Ammenhaie. Wenn man die Höhlen und Kavernen sorgfältig erkundet, kann man mit großer Wahrscheinlichkeit diese Haie entdecken. Sie verhalten sich ruhig und lassen den Taucher dicht herankommen. Man sollte aber vermeiden, sich zwischen Tier und Ausgang aufzuhalten, da der Ammenhai möglicherweise wegen der Anwesenheit der Taucher irritiert wird und sein Heil in schneller Flucht sucht. Dabei stößt er alles beiseite, was im Wege ist.

Der Sandgrund ist nicht nur ein gutes Versteck. Für viele Fische wie die Lippfische, Meeräschen und Kaninchenfische stellt er auch einen Versammlungspunkt und vor allem eine Nahrungsquelle dar, da in ihm Würmer, Krustentiere, Mollusken und Stachelhäuter leben.

42 oben Wangenstreifen-Lippfisch (Oxycheilinus digrammus).

42 Mitte Kurzstreifen-Barbe (Parupeneus macronema).

42 unten Schachbrett-Junker (Halichoeres hortulanus).

42 - 43 und 43 oben Zitronen-Barbe (Parupeneus cyclostomus).

HÖHLENBEWOHNER

Weißsaum-Soldatenfisch
Myripristis murdjan

Diadem-Husar
Sargocentron diadema

Großdorn-Husar
Sargocentron spiniferum

Riff-Großaugenbarsch
Priacanthus hamrur

Orient-Süßlippe
Pletorhinchus orientalis

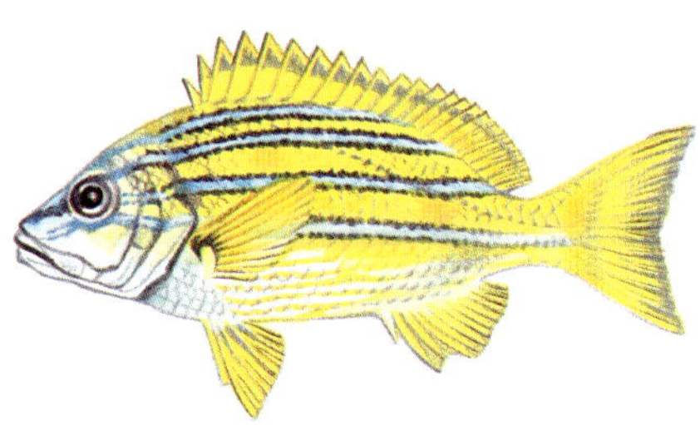

Blaustreifen-Schnapper
Lutjanus kasmira

Riesenmuräne
Gymnothorax javanicus

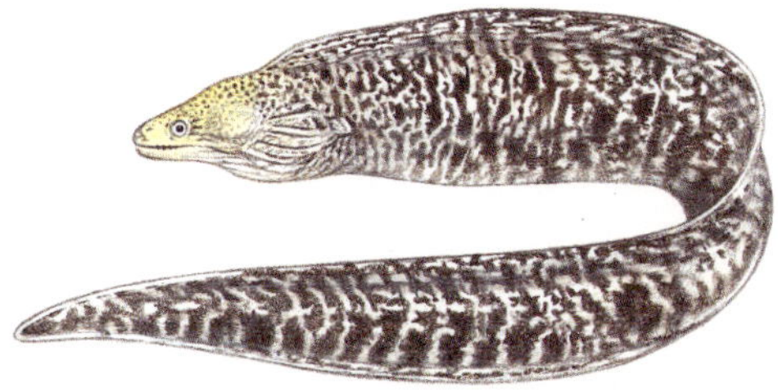

Marmor-Muräne
Gymnothorax undulatus

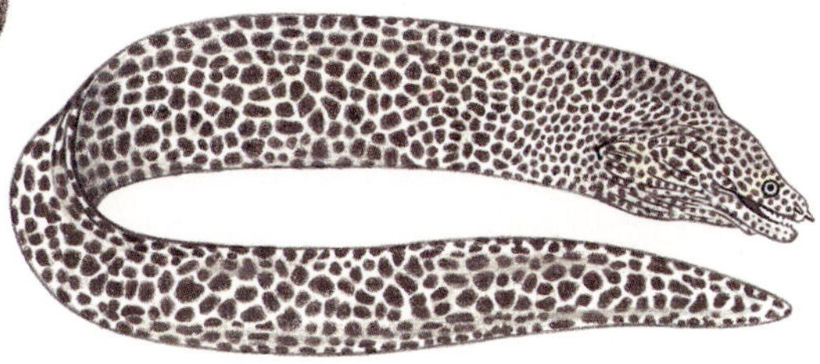

Große Netzmuräne
Gymnothorax favagineus

44 - 45 Riesenmuräne (Gymnothorax javanicus).

Die Korallen wachsen nach bestimmten geometrischen Bauplänen, die bei den einzelnen Arten sehr unterschiedlich sind. Einige Steinkorallen bilden immer massive Körper aus, andere sind verzweigt, und wieder andere passen sich den vorherrschenden Licht- und Strömungsbedingungen des jeweiligen Standorts an, an dem sie sich im Larvalstadium niedergelassen haben. Das kontinuierliche Wachstum der Korallen ist verbunden mit dem Absterben der Polypen in den unteren Schichten. Diese verwandeln sich in Kalkstein, der durch überkrustende oder bohrende Organismen oder auch durch chemische Substanzen, die ihn auflösen, angegriffen werden kann. Auf diese Weise wird das Riff radi-

46 - 47 und 47 oben Blaustreifen-Schnapper (Lutjanus kasmira).

47 Mitte Orient-Süßlippe (Plectorhinchus orientalis).

47 unten Indische Glasbarsche (Parapriacanthus guentheri).

kal verwandelt, und es bilden sich Myriaden von Spalten und Höhlen, in denen zahlreiche Fische Zuflucht finden oder ihr Territorium etablieren. Muränen beispielsweise findet man gewöhnlich in solcher Umgebung. Die zahlreichen Arten – einschließlich der Riesenmuräne und der schwarzweißen Großen Netzmuräne – zeigen alle das gleiche Verhalten: Sie strecken ihren Kopf und ein kleines Stück ihres Körpers aus ihrem Schlupfloch. Ihr drohendes Aussehen ist irreführend. Das weit offene Maul erleichtert ihnen lediglich das Atmen und stellt keine Drohgeste dar. Ihre bei Tag seßhafte Lebensweise (ganz anders bei Nacht, wenn sie zu gierigen Jägern werden!) ermöglicht es, sie von nahem zu beobachten. Wenn man einmal eine gewisse Scheu überwunden hat, kann man interessante Aspekte

48 Rußkopf-Muräne (Gymnothorax flavimarginatus).

49 oben Riesenmuräne (Gymnothorax javanicus).

49 Mitte links Geister-Muräne (Rhinomuraena quaesita).

49 Mitte rechts Tiden-Muräne (Uropterygius sp.).

49 unten Große Netzmuräne (Gymnothorax favagineus).

ihres Lebens entdecken. Die roten Soldaten- und Husarenfische, denen man an den großen Augen die nächtliche Aktivität ansieht, suchen ebenfalls in Höhlen Zuflucht. Tagsüber bleiben diese Tiere im Schatten. Sie bilden Schulen, in denen manchmal auch unterschiedliche Arten vertreten sind, und stehen in den dunkelsten Partien des Riffs. Die halbdunklen Gebiete dagegen überlassen sie den farbenprächtigen Süßlippen und Streifenschnappern.

50 links oben Weißsaum-Soldatenfisch (Myripristis murdjan).

50 rechts Großdorn-Husar (Sargocentron spiniferum).

50 links Mitte und unten Glasaugenbarsch (Heteropriacanthus cruentatus).

51 Riff-Großaugenbarsch (Priacanthus hamrur).

Korallenbewohner

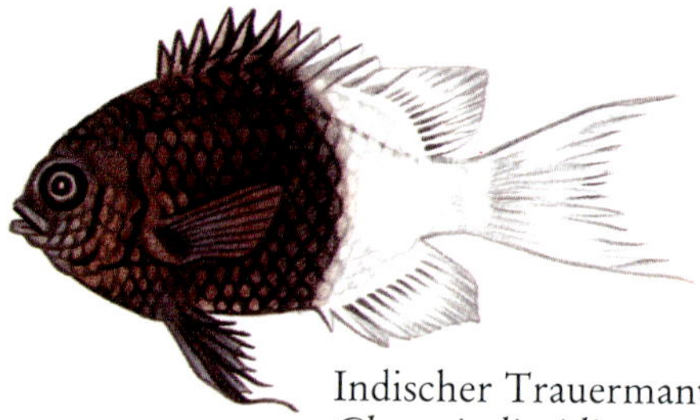

Indischer Trauermantel
Chromis dimidiata

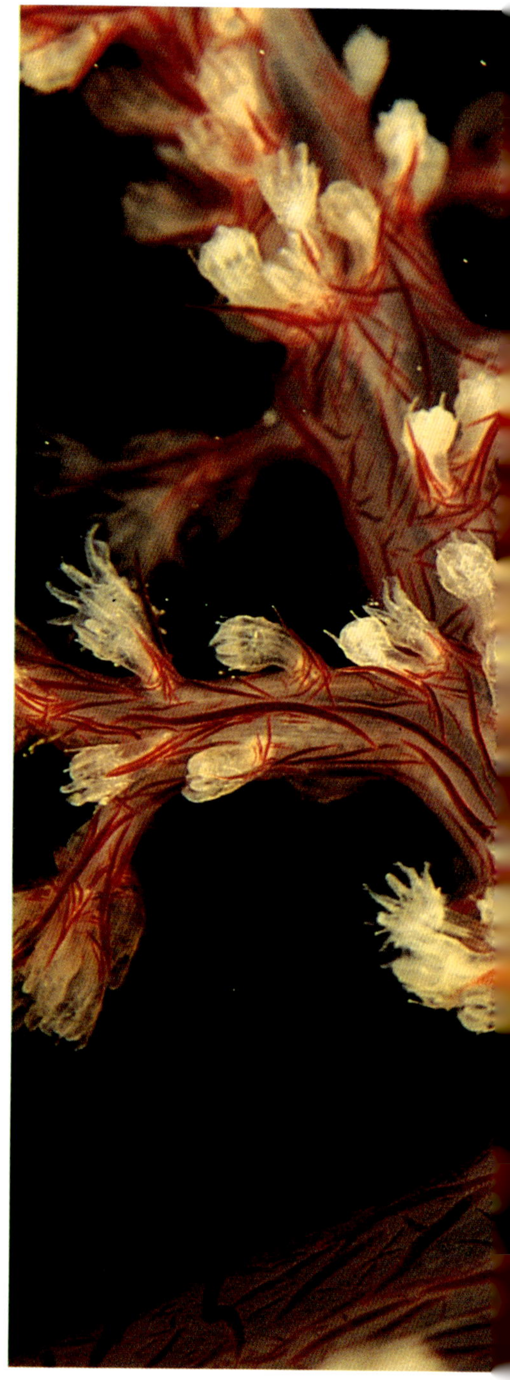

Malediven-Anemonenfisch
Amphiprion nigripes

Clarks Anemonenfisch
Amphiprion clarkii

Gelbbauch-Demoiselle
Pomacentrus caeruleus

Indische Demoiselle
Pomacentrus indicus

Mitra-Falterfisch
Chaetodon mitratus

Indopazifik-Sergeant
Abudefduf vaigiensis

Gelbschwanz-Fahnenbarsch
Pseudanthias evansi

Juwelen-Fahnenbarsch
Pseudanthias squamipinnis

52-53 Grundel (Bryaninops sp.).

Wenn man das Leben im Riff beobachtet, sollte man sich immer vor Augen halten, daß die Korallen – Tiere, die mit wenigen Ausnahmen zu andauernder Unbeweglichkeit auf dem Stein, den sie selbst hervorgebracht haben, verurteilt sind – sozusagen ihre Beweglichkeit auf die Fische übertragen haben, die sie umgeben. Das Kommen und Gehen der Fahnenbarsche, die sich andauernd über dem Riff tummeln, zeigt die Bewegung der Wellen und die Annäherung größerer Fische an. Ihre rosa, orangen oder violetten Wolken bilden sich und verschwinden in rhythmischer Abfolge, wobei innerhalb des Schwarms eine strikte Rangfolge mit dominanten Männchen und das Territorium kontrollierenden Weibchen eingehalten wird. Noch ortstreuer als die meisten anderen Arten sind die Anemonenfische, die paarweise oder in kleinen Familien fest mit der Anemone verbunden sind, in der sie leben. Beim ersten Anzeichen einer Gefahr tauchen sie zwischen deren Tentakel – außer in der Brutzeit, wenn sie ihre außerhalb abgelegten Eier aggressiv gegenüber jedermann (einschließlich den Menschen) verteidigen.

Während die Fahnenbarsche weite Gebiete im Riff kolonisieren, sind manche Riffbarsche, beispielsweise die farbenprächtigen Demoisellen, eng mit verzweigten Acropora- und Pocillopora-Korallen verbunden. Jede Schule lebt in ihrem eigenen Korallenstock, schwimmt bei Tag lebhaft über dem Stock und verwandelt bei Nacht die ineinander verschränkten Zweige in ihren sicheren Hafen. Die Sergeanten mit ihrem typischen schwarzweißgestreiften Farbkleid leben in großen Schwärmen. Sie verhalten sich freier, unabhängiger, manchmal beinahe aggressiv und gehören gewöhnlich zu den ersten Fischen, die der Taucher unter Wasser antrifft, weil sie sich in den oberen Wasserschichten aufhalten.

54 - 55 sowie 55 Mitte und unten Malediven-Anemonenfisch (Amphiprion nigripes).

55 oben Clarks Anemonenfisch (Amphiprion clarkii).

56 oben Gelbschwanz-Fahnenbarsch (Pseudanthias evansi).

56 Mitte und unten Juwelen-Fahnenbarsch (Pseudanthias squamipinnis).

56 - 57 Indopazifik-Sergeant (Abudefduf vaigiensis).

57 unten Preußenfisch (Dascyllus sp.).

58 oben Grundel (Bryaninops sp.).

58 - 59 Axelrod-Kammzähner (Ecsenius axelrodi).

59 oben Zweifarben-Kammzähner (Ecsenius bicolor).

59 Mitte Grundel (Bryaninops sp.).

59 unten Schwarzband-Kardinalfisch (Apogon nigrofasciatus)

KORALLENFEINDE

Kugelkopf-Papageifisch
Scarus sordidus

Indische Langnase
Hipposcarus harid

Fähnchen-Falterfisch
Chaetodon auriga

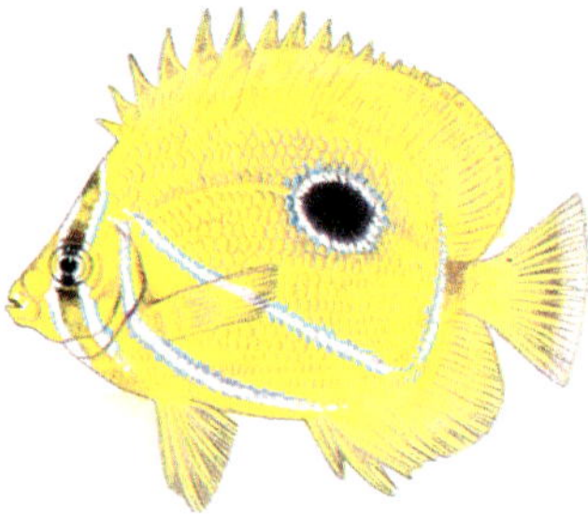

Bennetts Falterfisch
Chaetodon bennetti

Mondsichel-Falterfisch
Chaetodon lunula

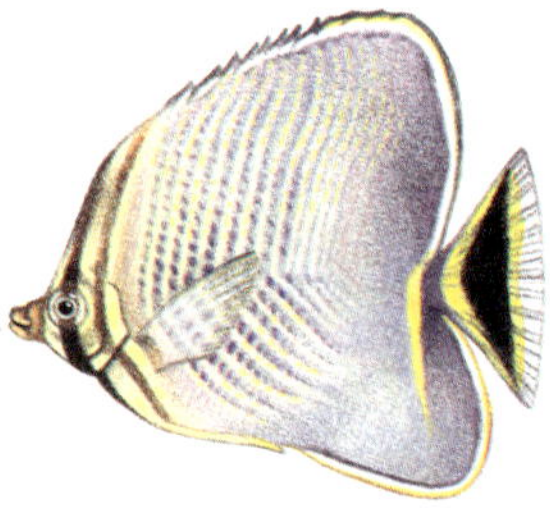

Indischer Baroness-Falterfisch
Chaetodon triangulum

Madagaskar-Falterfisch
Chaetodon madagascariensis

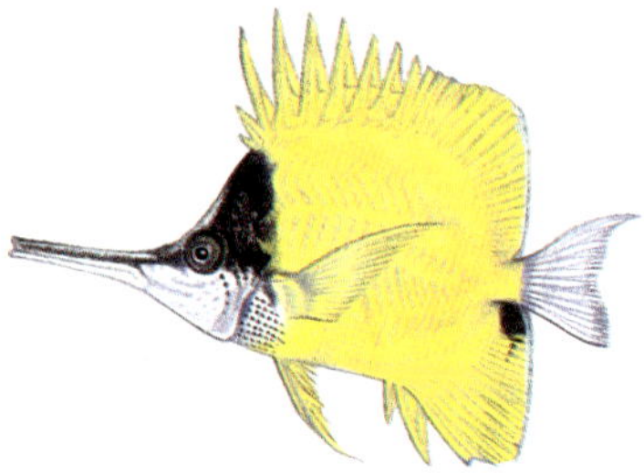

Langmaul-Pinzettfisch
Forcipiger longirostris

Schwarzrücken-Falterfisch
Chaetodon melannotus

Masken-Papageifisch
Cetoscarus bicolor

Buckelkopf-Papageifisch
Scarus strongylocephalus

60 - 61 Mondsichel-Falterfisch (Chaetodon lunula).

Palettenstachler
Oxymonacanthus longirostris

62 oben Indischer Baroness-Falterfisch (Chaetodon triangulum).

62 Mitte Fähnchen-Falterfisch (Chaetodon auriga).

62 unten Gelbkopf-Falterfisch (Chaetodon xanthocephalus).

62 - 63 Halsband-Falterfisch (Chaetodon collare).

Im Riff kann man nicht selten beobachten, daß sich mitten in den Korallenstöcken Falterfische bewegen, die mit ihrem seitlich abgeflachten Körper mühelos zwischen den Ästen manövrieren können. Dies ist das Ergebnis einer spezifischen Anpassung an ihre hauptsächliche Nahrungsquelle, denn die meisten Falterfische der Familie Chaetodontidae ernähren sich von kleinen Korallenpolypen. Wenn man einem Falterfisch folgt, wird man sehen, daß er sich Steinkorallen nähert und mit schnellen Bewegungen des Maules auf die Koralle einschlägt, als wenn er picken würde. Auf diese Weise setzt der Fisch seine winzigen, pinzettartigen Zähne ein, die die für den Taucher nicht sichtbaren, aus der Koralle herausragenden Polypen erfassen. Die Evolution hat bei dieser Familie eine große Bandbreite an Farbkleidern hervorgebracht, durch die es jeder Art ermöglicht wird, jeweils die andere zu erkennen und entsprechend das Territorium zu verteidigen, aus dem sie ihre Nahrung gewinnt. Teilweise betrifft diese Differenzierung auch die Form von Maul und Schnauze, beispielsweise beim Langmaul-Pinzettfisch, dessen lange Schnauze ideal dafür geeignet ist, die Organismen zu erbeuten, die in den innersten Tiefen der Steinkorallen leben.

Auch die Papageifische sind spezialisiert auf Korallennahrung. Ihre Zähne sind zu vier Zahnplatten verschmolzen (je zwei Platten in Ober- und Unterkiefer), die einen so starken Biß ermöglichen, daß sie tiefe Furchen in die Oberfläche der Steinkorallen graben können. Sie hinterlassen auf diese Weise deutlich sichtbare Spuren ihrer Tätigkeit, die man vor allem auf den kugeligen Steinkorallen sowie auf den Hirnkorallen sieht.

64 oben Gestreifter Falterfisch (Chaetodon lineolatus).

64 unten links Gewöhnlicher Rippen-Falterfisch (Chaetodon trifasciatus).

64 unten rechts Langmaul-Pinzettfisch (Forcipiger longirostris).

65 oben Schwarzrücken-Falterfisch (Chaetodon melannotus).

65 unten Palettenstachler (Oxymonacanthus longirostris).

66 - 67 Grünbürzel-Papageifisch (Scarus frenatus).

66 unten Buckelkopf-Papageifisch (Scarus strongylocephalus).

67 oben Schwarzer Papageifisch (Scarus niger).

67 Mitte Nasenhöcker-Papageifisch (Scarus rubroviolaceus).

67 unten Papageifisch (Scarus sp.)

Korallenjäger

69 Fransen-Drachenkopf (Scorpaenopsis oxycephala).

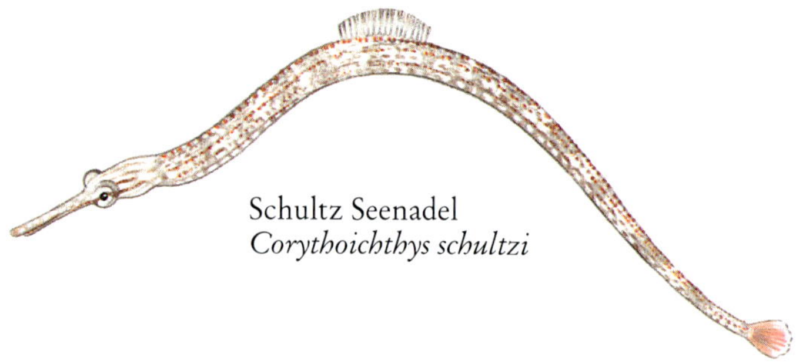

Schultz Seenadel
Corythoichthys schultzi

Strahlen-Feuerfisch
Pterois radiata

Schaukelfisch
Taenianotus triacanthus

Indischer Rotfeuerfisch
Pterois miles

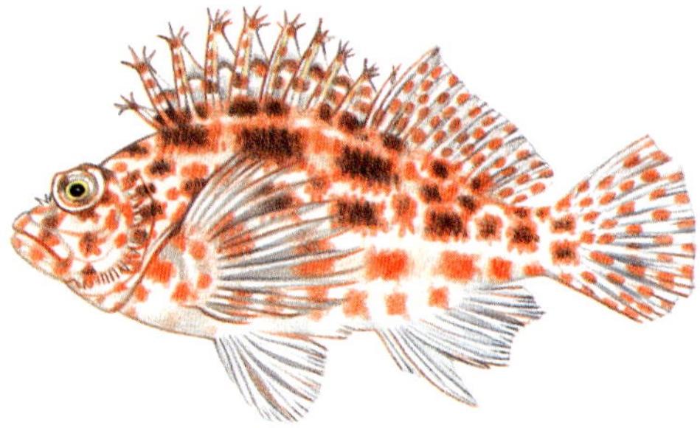

Gefleckter Korallenwächter
Cirrhitichthys oxycephalus

Fransen-Drachenkopf
Scorpaenopsis oxycephala

Langnasen-Korallenwächter
Oxycirrhites typus

70 - 71 Gestreifter Korallenwächter (Paracirrhites forsteri).

70 unten Gefleckter Korallenwächter (Cirrhitichthys oxycephalus).

Wenn man nahe ans Korallenriff heranschwimmt und nur soviel Abstand hält, daß man nicht aus Versehen mit den Flossen die Korallen beschädigt, kann man eine ganze Reihe von Fischen entdecken, die wegen ihrer Färbung und ihrer Größe aus der Distanz nicht sofort ins Auge fallen. Dazu gehören die schlanken Seenadeln, die eher über die Korallen zu kriechen als zu schwimmen scheinen und in jede Spalte hineinschlüpfen. Ebenso gut getarnt ist der Langnasen-Korallenwächter, dessen leuchtend rot und weiß kariertes Farbkleid ideal dazu geeignet ist, den Fisch zwischen den Zweigen der Gorgonien, auf denen er gewöhnlich lebt, unsichtbar zu machen. Als ob seine Tarnfärbung noch nicht ausreichen würde, wechselt der Langnasen-Korallenwächter schnell von der einen Seite der Gorgonie auf die andere, um der Neugier des Tauchers zu entgehen. Auch der Gefleckte Korallenwächter ist seinem Lebensraum gut angepaßt. Er liegt bevorzugt auf Steinkorallen, speziell den Tischkorallen, und lauert unbeweglich kleinen Beutefischen auf. Wenn ein Opfer nahe genug heran ist, schnellt er vor, überwältigt es und kehrt danach wieder zu seinem Ausguck zurück. Andere Arten,

71 oben Langnasen-Korallenwächter (Oxycirrhites typus).

71 unten Monokel-Korallenwächter (Paracirrhites arcatus).

zu deren typischem Verhalten es gehört, der Beute aufzulauern, sind der Schaukelfisch und der Steinfisch. Der Schaukelfisch hat einen seitlich abgeflachten Körper, weshalb er sich von der Strömung treiben lassen kann. Der Steinfisch, der wegen der Giftflossenstrahlen in seiner Rückenflosse gefährlich ist, zeigt das typische Verhalten aller Skorpionsfische: Sie liegen bevorzugt auf dem Meeresgrund, nehmen dessen Färbung an und entfalten die Anhängsel an ihrer Haut, so daß sie wie ein Korallenbrocken aussehen. Die mit den Skorpionsfischen verwandten Rotfeuerfische aus der Gattung Pterois wirken dagegen hübscher und eleganter. Sie sind mit gefährlichen Giftstacheln und flügelgleichen Brustflossen ausgestattet, womit sie kleine Beutefische gegen die Riffwand treiben und sie auf diese Weise in eine Falle einschließen, aus der es kein Entrinnen gibt.

72 - 73 Schaukelfisch (Taenianotus triacanthus).

74 und 75 rechts unten Fransen-Drachenkopf (Scorpaenopsis oxycephala).

75 links Strahlen-Feuerfisch (Pterois radiata).

75 rechts oben Indischer Rotfeuerfisch (Pterois miles).

75 rechts Mitte Fetzen-Drachenkopf (Scorpaenopsis venosa).

Sattel-Forellenbarsch
Plectropomus laevis

Vierfleck-Wabenbarsch
Epinephelus spilotoceps

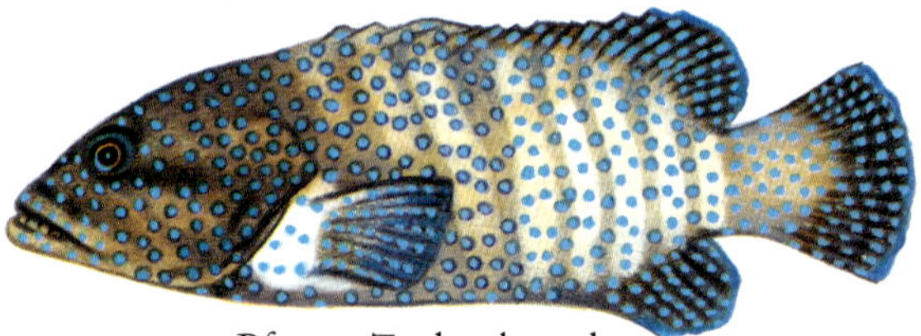

Pfauen-Zackenbarsch
Cephalopholis argus

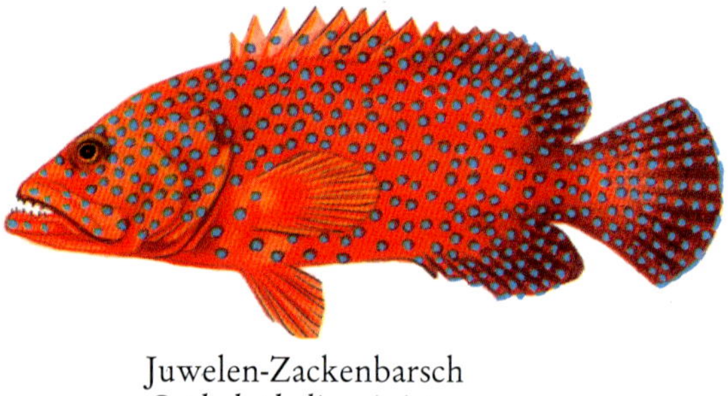

Juwelen-Zackenbarsch
Cephalopholis miniata

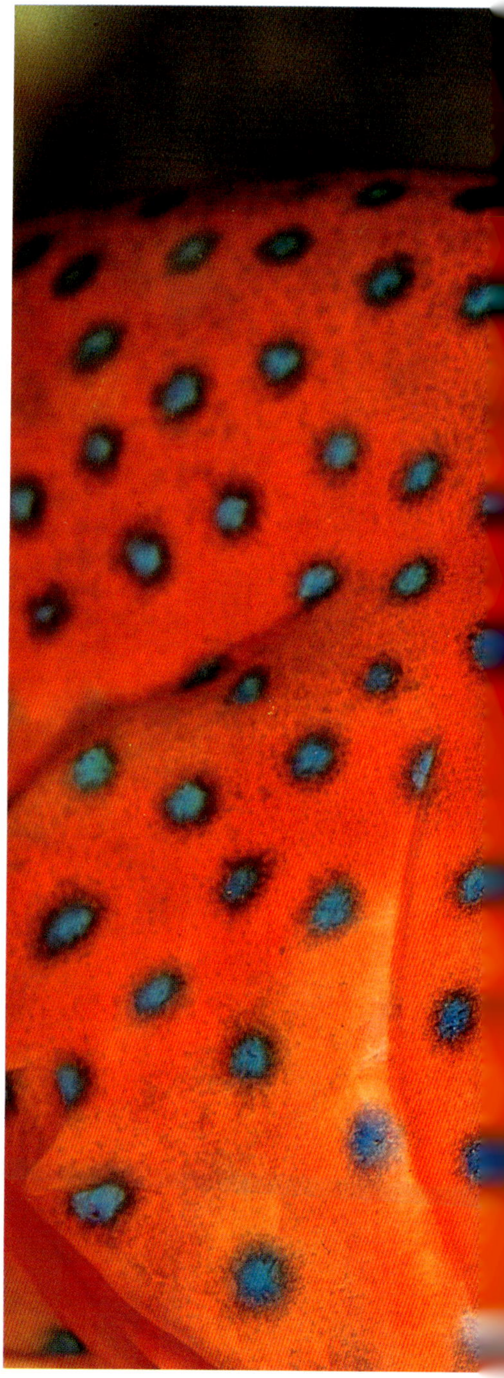

Mondsichel-Juwelenbarsch
Variola louti

Getarnter Zackenbarsch
Epinephelus polyphekadion

Rotmaul-Zackenbarsch
Aethaloperca rogaa

76 - 77 Juwelen-Zackenbarsch (Cephalopholis miniata).

78 links oben und Mitte Rotflecken-Zackenbarsch (Epinephelus tauvina).

78 links unten Spitzkopf-Zackenbarsch (Anyperodon leucogrammicus).

78 rechts Pfauen-Zackenbarsch (Cephalopholis argus).

79 Panther-Forellenbarsch (Plectropomus pessuliferus).

Zu den häufigsten Fischen im Korallenriff, die man von wenigen Meter Tiefe bis weit unter die Tiefengrenze für Taucher finden kann, zählen die Zackenbarsche. Auf den Malediven werden sie „faana" genannt. Diese Fische sind unverwechselbar mit ihrem großen Maul, der starken Schwanzflosse und dem massigen, aber dennoch eleganten Körperbau. Wenn man sie im Riff herumschwimmen sieht, wird einem schnell klar, daß sie die dominierende Art in diesem Lebensraum sind. Man findet sie alleine oder paarweise sowohl in den Höhlen als auch außerhalb. Sie gleiten ohne ersichtliche Anstrengung über die Steinkorallen und patrouillieren offensichtlich ihr Territorium ab, und es ist nicht leicht, ihnen dabei zu folgen. Sobald sie bemerken, daß sie verfolgt werden, schießen sie mit kräftigen Schwanzschlägen davon und verstecken sich unter Korallenstöcken oder in Höhlen, deren Vorhandensein man niemals vermutet hätte. Der Fisch aber scheint sie gut zu kennen, und möglicherweise hat er darin sogar auch einen Notausgang.

Einige Zackenbarsch-Arten sieht man häufiger bei Tag, andere in der Dämmerung, wieder andere bei Nacht. Alle Arten sind Fleischfresser und ernähren sich von Fischen, Tintenfischen und Krustentieren.
Als Jungtiere sind die Zackenbarsche weiblich. Wenn sie größer werden, wandeln sie sich in Männchen um, so daß die großen Exemplare immer als Männchen betrachtet werden können. Es ist nicht ungewöhnlich, daß der Geschlechtswechsel auch mit einem Wechsel des Farbkleids einhergeht, wie man das beispielsweise bei den Juwelen-Fahnenbarschen beobachten kann: Die Jungtiere haben eine gelborange Grundfärbung mit blaßblauen Punkten, während die der Erwachsenen rot mit dunkelblauen Punkten ist. Andere Arten können ihre Färbung innerhalb des Tages ändern, beispielsweise der Mondsichel-Juwelenbarsch, der nach seiner auffälligen Schwanzflosse benannt ist. Er verliert nachts seine leuchtend rote Färbung und wird dunkelbräunlich, was wahrscheinlich zur Tarnung dient.

80 - 81 und 80 oben Gefleckter Riesenzackenbarsch (Epinephelus tukula).

80 links oben Mondsichel-Juwelenbarsch (Variola louti).

80 links unten Juwelen-Zackenbarsch (Cephalopholis miniata).

81 oben Panther-Forellenbarsch (Plectropomus pessuliferus).

Im Korallendschungel

Rotbrust-Lippfisch
Cheilinus fasciatus

Achselfleck-Schweinslippfisch
Bodianus axillaris

Gemeiner Putzerfisch
Labroides dimidiatus

Blauer Vogelfisch
Gomphosus caeruleus

Schwarzer Pyramiden-Falterfisch
Hemitaurichthys zoster

Keilfleck-Falterfisch
Chaetodon falcula

Masken-Wimpelfisch
Heniochus monoceros

Blaukopf-Kaiserfisch
Pomacanthus xanthometopon

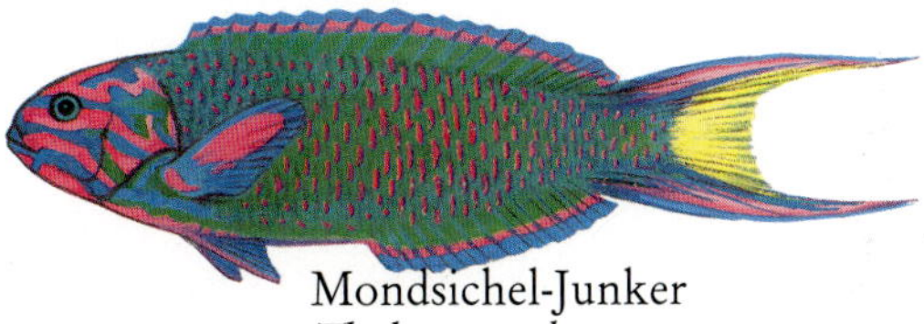

Mondsichel-Junker
Thalassoma lunare

Flötenfisch
Fistularia commersonii

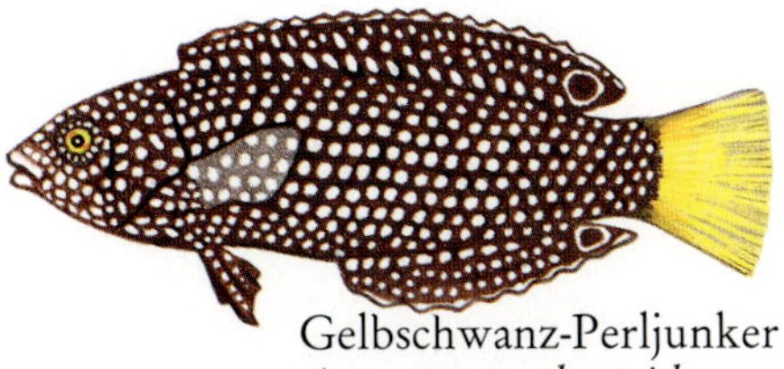

Gelbschwanz-Perljunker
Anampses meleagrides

Trompetenfisch
Aulostoma chinensis

82 - 83 Keilfleck-Falterfisch (Chaetodon falcula).

Pfauen-Kaiserfisch
Pygoplites diacanthus

Imperator-Kaiserfisch
Pomacanthus imperator

Hinsichtlich der Art und Weise, wie die Korallen wachsen, der Vielfalt der Arten, die man in den verschiedenen Bereichen des Riffs antrifft, sowie der Schwierigkeit, ein Bauprinzip in diesen unterseeischen Gärten zu erkennen, liegt der Vergleich des Korallenriffs mit einem Dschungel nahe. Der Schlüssel zum Verständnis hierfür könnte bei den Fischen gesucht werden, aber auch in ihrer Welt scheinen die Formen und Farben dazu angetan, Verwirrung zu schaffen. Erst nach mehreren Tauchgängen wird man beginnen, Ähnlichkeiten im Lebensstil sowie in den Beziehungen zwischen Fischen und Korallen zu erkennen.
Zu den Standard-Einrichtungen eines Riffs gehören seine Putzerstationen. Die Fische, die geputzt werden

84 - 85 Imperator-Kaiserfisch (Pomacanthus imperator).

85 links unten Imperator-Kaiserfisch, juvenil (Pomacanthus imperator).

85 rechts oben Pfauen-Kaiserfisch (Pygoplites diacanthus).

85 rechts unten Blaukopf-Kaiserfisch (Pomacanthus xanthometopon).

wollen, nähern sich dieser Station und zeigen dabei ein Verhaltensmuster, das ihre Absicht klar erkennen läßt. Die Gemeinen Putzerfische beantworten diese Signale, nähern sich dem „Kunden“ und untersuchen sorgfältig Haut, Kiemen und Zähne, wobei sie Parasiten und Nahrungsreste entfernen. Alle Fische frequentieren diese Stationen, und es kann vorkommen, daß auch der sich ruhig verhaltende Taucher von besonders unternehmungslustigen Putzerfischen inspiziert wird.
Flöten- und Trompetenfische schwimmen auf der Suche nach Nahrung zwischen den Korallenstöcken umher, und manchmal suchen sie die Gesellschaft eines großen Lipp- oder Papageifisches, um sich hinter ihm zu verstecken. Eine unendliche Vielzahl von Lippfischen bewegen sich auf unverkennbare Weise mit schnellen Schlägen der Brustflossen zwischen den Korallen. Sie nehmen vom Menschen wenig Notiz, sondern konzentrieren sich auf die Suche nach Futter oder nach einem Fortpflanzungspartner. Dabei dringen sie in die Territorien der Falter- und Kaiserfische ein, die dem Riff bei Tag Farbe verleihen und nachts völlig verschwunden sind. Bei Sonnenuntergang begeben sich die Lippfische zum Meeresgrund, wo sie im Sand vergraben oder im Schutz eines Steins schlafen. Die Falter- und Kaiserfische suchen zum Schlafen den Schutz von Höhlen und Spalten in unterschiedlichen Tiefen auf. Ihre Farben verblassen nachts häufig und sind nicht mehr mit den leuchtenden Tagesfarben zu vergleichen.

86 - 87 *Masken-Wimpelfisch (Heniochus monoceros).*

87 oben *Schwarm-Wimpelfisch (Heniochus diphreutes).*

87 Mitte *Trompetenfisch (Aulostoma chinensis).*

87 unten *Flötenfisch (Fistularia commersonii).*

HÖRNER, DORNEN UND ZÄHNE

Sträflings-Doktorfisch
Acanthurus triostegus

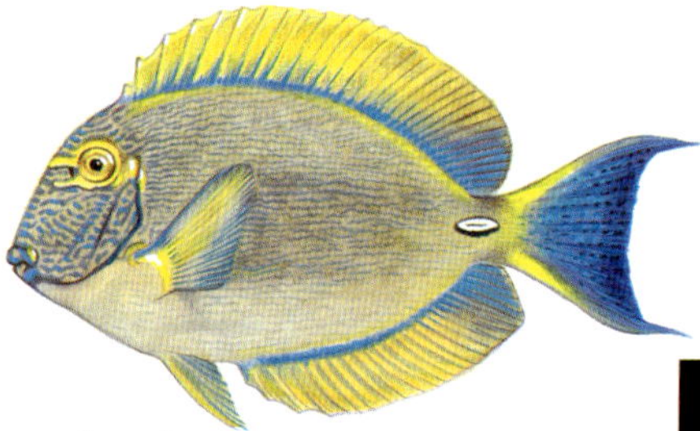

Blauschwanz-Doktorfisch
Acanthurus dussumieri

Halfterfisch
Zanclus cornutus

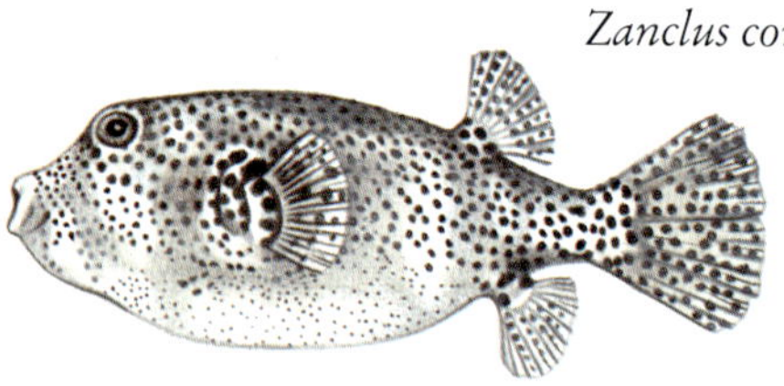

Riesen-Kugelfisch
Arothron stellatus

Masken-Igelfisch
Diodon liturosus

Orangestreifen-Drückerfisch
Balistapus undulatus

Bumerang-Drückerfisch
Sufflamen bursa

Grüner Riesen-Drückerfisch
Balistoides viridescens

Weißkehl-Doktorfisch
Acanthurus leucosternon

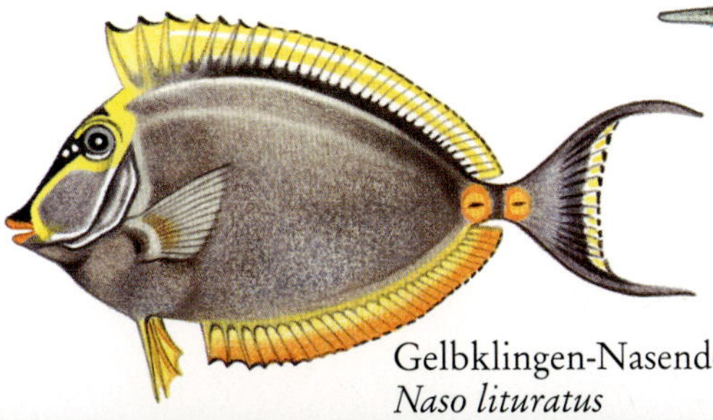

Gelbklingen-Nasendoktor
Naso lituratus

Schärpen-Nasendoktor
Naso brevirostris

88 - 89 Masken-Igelfisch (Diodon liturosus).

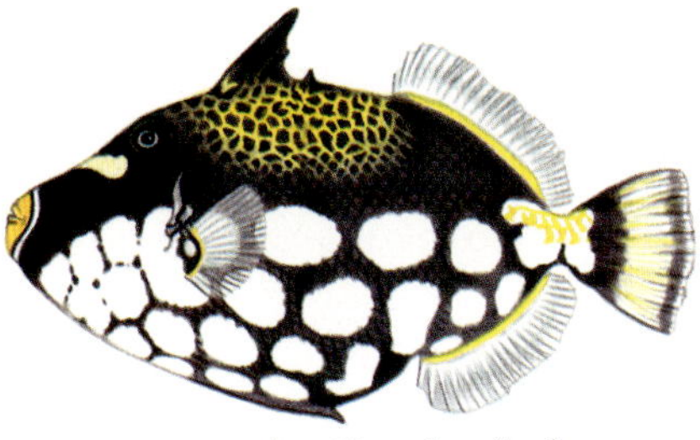

Leoparden-Drückerfisch
Balistoides conspicillum

Gelbsaum-Drückerfisch
Pseudobalistes flavimarginatus

90 Weißkehl-Doktorfisch (Acanthurus leucosternon).

91 oben Schwarm von Weißkehl-Doktorfischen (Acanthurus leucosternon) und Schulterklappen-Doktorfischen (Acanthurus nigricauda).

91 Mitte links Schwarm Grauer Doktorfische (Acanthurus mata).

91 Mitte rechts Schärpen-Nasendoktor (Naso brevirostris).

91 unten Klingen an der Schwanzwurzel des Gelbklingen-Nasendoktors (Naso lituratus).

Von wenigen Ausnahmen abgesehen betrachtet man die Fische gewöhnlich als harmlos. In ihrer Welt sind sie aber ständig im Überlebenskampf und hierfür mit teils defensiven, teils offensiven Waffen ausgestattet, die mit denen der Landtiere vergleichbar sind. Zu den bestbewaffneten gehören die Doktorfische, die ihren Namen wegen der scharfen Klingen erhalten haben, die sich seitlich an der Schwanzwurzel befinden. Bei näherer Betrachtung erkennt man an diesen Stellen kontrastfarbene Markierungen, die die Lage dieser Klingen anzeigen. Bei manchen Arten, zum Beispiel denen der Gattung Acanthurus, handelt es sich um einfache, nach hinten gerichtete Klingen, bei den Nasendoktoren der Gattung Naso um Doppelklingen. Diese Waffen werden üblicherweise bei Auseinandersetzungen um das Territorium zwischen den Fischen eingesetzt. Dennoch

sollte auch der Taucher vor ihnen auf der Hut sein, wenn er sich einem Schwarm von Doktorfischen nähert, damit er nicht versehentlich Verletzungen davonträgt.
Die Drückerfische sind mit einem kräftigen Gebiß ausgestattet. Diese großen, agilen Fische haben einen aufstellbaren Dorn an der Rückenflosse, mit dem sie sich im Riff verankern können. Mit ihrem Gebiß können sie leicht Muschelschalen und die Kalkschalen der Seeigel knacken. Während der Brutperiode entwickeln sie einen ausgeprägten territorialen Instinkt und verteidigen aggressiv ihr Gelege. Deshalb sollte sich der Taucher dann vor den größeren Arten in acht nehmen, insbesondere vor den Grünen Riesen-Drückerfischen.

92 - 93 Orangestreifen-Drückerfisch (Balistapus undulatus).

93 oben Grüner Riesen-Drückerfisch (Balistoides viridescens).

93 Mitte Gelbsaum-Drückerfisch (Pseudobalistes flavimarginatus).

93 unten Leoparden-Drückerfisch (Balistoides conspicillum).

Die Stacheln einer weiteren Zahl von Raubfischen wie der Igelfische oder der Kugelfische dienen Verteidigungszwecken. Diese Fische pumpen sich zur Verteidigung auf, wobei sich auch die Stacheln aufrichten. Der Taucher mag dieses Aufpumpen faszinierend finden, sollte aber die Fische beider Familien dazu nicht zu sehr provozieren, um unnötigen Stress bei den Tieren zu vermeiden.

94 oben Schwarzflecken-Kugelfisch (Arothron nigropunctatus).

94 unten Gelbbrauner Kofferfisch (Ostracion cubicus).

94 - 95 Gelbbrauner Kofferfisch, subadult (Ostracion cubicus).

95 links oben Sattel-Spitzkopfkugelfisch (Canthigaster valentini).

95 rechts oben Mappa-Kugelfisch (Arothron mappa).

96 Vielarmige Federsterne haben sich auf einem Korallenblock niedergelassen.

In gleicher Aufmachung bereits erschienen:

Angelo Mojetta

ROTES MEER

Ein Unterwasserparadies

Das Rote Meer, die Brücke zwischen dem Mittelmeer und dem Indischen Ozean, ist in den letzten drei Jahrzehnten zum Paradies der Taucher geworden. Wer sich dieses Meer erobern will, findet in diesem Buch einen Leitfaden und einen Führer, der auch über Wasser mit Hinweisen und Ratschlägen zur Seite steht.

ISBN 3-86132-149-1

Bildnachweis

Kurt Amsler: 4, 5 oben, 6, 7, 8.
Franco Banfi: 12 oben, 14 Mitte, 26, 34-35, 47 unten, 50 links Mitte, 60-61, 94 oben.
Claudio Bertasini: 5 Mitte, 12 unten, 15 unten, 18, 38-39, 47 oben, 49 rechts Mitte, 51, 59 unten, 62 oben, 65 unten, 71 oben, 73 oben, 75 unten, 76-77, 78 links Mitte, 85 oben und unten.
Marcello Bertinetti / Archiv White Star: 5 unten, 36-37.
Claudio Cangini: 23, 40 rechts unten, 57 unten, 62-63, 70-71, 72-73, 82-83, 86-87, 91 links Mitte.
Andrea und Antonella Ferrari: 14 unten, 18-19, 24-25, 27 Mitte, 28 oben, 33 oben, 34 rechts unten, 36 oben, 40-41, 44-45, 47 Mitte, 49 oben, 55 Mitte, 69, 70 unten, 71 unten, 72, 74, 75, 80, 81 oben, 84-85, 87 unten, 91 oben, 92-93, 93 Mitte und unten, 94 unten, 95 oben, 96.
Paolo Fossati: 1, 3, 11 oben, 15 oben und Mitte, 16-17, 21 unten, 27 oben, 28 unten, 40 links unten, 42 unten, 42-43, 49 links Mitte, 49 unten, 50 oben, 50 unten, 52-53, 56 Mitte, 56-57, 58-59, 59 oben und Mitte, 62 Mitte und unten, 64 rechts unten, 65 oben, 66 unten, 66-67, 67 oben und unten, 79, 85 Mitte, 87 oben und Mitte, 88-89, 90, 94-95.
Vincenzo Paolillo: 10 unten, 11 unten, 13 oben und Mitte, 20-21, 21 oben, 22 rechts Mitte, 30-31, 34 links unten, 36 Mitte und unten, 41, 80-81, 91 rechts Mitte, 91 unten.
Alberto Muro Pelliconi: 22 oben, 29, 42 oben, 64 links unten.
Fabio Picarelli: 13 unten, 35 unten, 64-65.
Roberto Rinaldi: 10 oben, 22 unten, 27 unten, 32 unten, 35 oben und Mitte, 56 unten, 67 Mitte, 80 oben.
Alberto Vanzo: 12 Mitte, 14 oben, 42 Mitte, 43 oben, 48, 58 oben, 93 oben.
Claudio Ziraldo: 22 links Mitte, 32 oben, 32-33, 46-47, 50 rechts Mitte, 54-55, 55 oben und unten, 56 oben, 78 oben, 78 unten.